Waring   Der Feng-Shui-Garten als Quelle für Gesundheit und Glück

Philippa Waring

Der
Feng Shui
Garten

als Quelle für Gesundheit und Glück

Aus dem Englischen
von Susanne Feichert

IRISIANA

Die Originalausgabe erschien unter dem Titel
The Feng Shui of Gardening
by Souvenir Press Ltd., 1998
© 1998 by Seventh Zenith Ltd.

Die Deutsche Bibliothek – CIP-Einheitsaufnahme
Waring, Philippa:
Der Feng-Shui-Garten als Quelle für Gesundheit und Glück /
Philippa Waring. Aus dem Engl. von Susanne Reichert
– Kreuzlingen ; München : Hugendubel, 2000
(Irisiana)
ISBN 3-89631-319-3

© der deutschsprachigen Ausgabe
Heinrich Hugendubel Verlag, Kreuzlingen/München 2000
Alle Rechte vorbehalten

Umschlaggestaltung: Zembsch' Werkstatt, München
Produktion: Maximiliane Seidl
Satz: SatzTeam Berger, Ellenberg
Druck und Bindung: Spiegel-Buch, Ulm
Printed in Germany

ISBN 3-89631-319-3

In China ist man bestrebt, eine enge Verbindung zu den Schönheiten der Natur aufrechtzuerhalten, da diese einen göttlichen, wohltuenden Einfluß ausüben.
H.N. Wethered, Gartengestalter, 1933

Im Feng Shui heißt es, ein schöner Garten sei wie das Gewand eines Hauses.
Wong Siew Hong, Xiangsheng, 1997

Inhalt

Danksagung

Während der Arbeit an diesem Buch erhielt ich von mehreren Experten Unterstützung und Anleitung, die mir nicht nur mit ihrem eigenen Fachwissen zur Seite standen, sondern auch zahlreiche östliche Texte und Dokumente über die Praxis der Gartengestaltung in China zur Verfügung stellten (und wenn nötig übersetzten). Dazu gehörten Jiang Ping Jie, Kwok Man Ho und Wong Siew Hong, die meine Lehrer waren, als ich mich eingehend mit der Garten-Philosophie des Feng Shui beschäftigte. Auch bin ich mehreren westlichen kompetenten Gartenspezialisten zu Dank verpflichtet, die sich besonders für chinesische Gartengestaltung interessiert haben, zum Beispiel A.W. Anderson, Eric Maple, Frederick Shepherd, Professor Richard Bernard, Alan MacDonald, John Brooks und D.G. Turner; mein Dank geht zudem an David Higham Associates für die Genehmigung, aus dem Werk des verstorbenen Sir Osbert Sitwell *Penny Foolish* zu zitieren. Und auch bei meinen Verlegern möchte ich mich noch einmal ganz herzlich für all ihre Hilfe während diesem meinem zweiten Streifzug durch eine der ältesten, höchst geheimnisvollen, doch universellen Künste bedanken.

Vorwort

Gartengestaltung nach Feng-Shui-Regeln ist nicht irgendein neuer Garten-Trend, sondern wahrscheinlich die älteste Form der Welt, einen Garten anzulegen. Sie reicht viele Jahrtausende zurück, in eine Zeit, als sich absehen ließ, daß China, das erst am Anfang seiner Entwicklung stand, eine große Zivilisation werden sollte, während wir im Westen immer noch weitgehend unzivilisiert waren.

Sie beruht auf der einfachen Philosophie, daß Mensch und Natur in Harmonie miteinander leben müssen und alles Leben von einer unsichtbaren Energie durchdrungen ist, die die Chinesen *Chi* nennen. Diese uns umgebende Kraft ist für unser Wohlergehen, unsere Gesundheit und unser Glück ganz wesentlich. In seinem Werk *Tao te King* beschreibt Lao Tse die Schöpfung der Welt folgendermaßen: »Das reine und lichte *Chi* erhob sich und wurde Himmel, das Schlammige und Schwere fiel hinunter und wurde Erde; aus ihrer beider Odem, der sich harmonisch verband, wurde der Mensch.« Einfach ausgedrückt, befand sich der Mensch genau zwischen Himmel und Erde und war mit allem Lebenden durch diese *Chi* genannte Essenz verbunden.

Die chinesischen Weisen glaubten, daß alle von Menschenhand geschaffenen Gegenstände – ein Gebäude, ein Heiligtum, ein Grab oder ein Garten – den Fluß dieser wohltuenden Energie beeinträchtigen könnten, und stellten daher Regeln zu deren richtiger Plazierung auf, die das Kernstück ihrer Philosophie bilden. Alles muß die richtige Form und die richtige Lage haben, damit das Chi ungehindert fließen kann.

Da konnte ein Garten keine Ausnahme bilden, und genau hier erkannten die weisen Männer nach sorgfältiger Beobachtung und eingehender Beschäftigung mit der Natur, daß es Dinge wie Felsen, Wasser, Wege und zahlreiche Blumen, Pflanzen und Bäume gab, die die *Chi*-Energie zum Wohl der Bewohner des betreffenden Anwesens kanalisieren und somit fördern konnten. Heraus kam dabei der chinesische Feng-Shui-Garten.

11

Ich möchte hier gleich zu Beginn klarstellen, daß sich der Feng-Shui-Garten, was seine Gestaltung angeht, von unseren westlichen eingefahrenen Vorstellungen wesentlich unterscheidet. Er ähnelt nicht einem Landhausgarten, ist auch nicht formell angelegt wie ein Stadtgarten. In diesem Garten spielen – unabhängig von seiner Größe oder Lage – Ausgewogenheit und Harmonie eine ganz große Rolle. Der Wert eines Grundstücks, auf dem man sich entspannen und geeignete Blumen, Pflanzen und vielleicht auch einen Baum setzen konnte, hing nicht nur von seiner Größe ab. Vielmehr ist das Konzept des Feng Shui noch immer von Bedeutung und läßt sich auf heutige Verhältnisse übertragen.

Diese Ausgewogenheit und Harmonie erreicht man jedoch nur durch eine große Detailtreue. Die Chinesen sprechen vom Leben als einem Gleichgewicht zwischen *Yin* und *Yang* (darauf werde ich später noch zurückkommen), zwei voneinander abhängigen Universalkräften, die jeweils des anderen bedürfen, um ihre Wirkung zu entfalten. Konkret bedeutet das: Ihr Haus oder Ihre Wohnung, die aus Ziegeln, Beton, Stahl, Holz, Nägeln und anderen festen Baumaterialien besteht, ist *Yang*, während Erde, Steine, Teich, Pflanzen, Blumen und Bäume des Gartens *Yin* sind. Wenn Sie zwischen den beiden ein Gleichgewicht herstellen, kann das *Chi* ungehindert zirkulieren; und wo das im Augenblick noch nicht der Fall ist, wird Ihnen dieses Buch hoffentlich dabei helfen, für Gleichgewicht zu sorgen, und dadurch Ihr Leben bereichern und Ihnen noch mehr Freude am Garten schenken. Es gibt bestimmte grundlegende Wahrheiten über die Gartengestaltung nach Feng-Shui-Regeln, die Ihnen beim Weiterlesen klar werden:

1. Wichtig ist, alles so *natürlich* wie möglich wirken zu lassen. Egal ob es sich dabei um Pflanzen handelt, die Sie setzen, oder um Dinge, die Sie selbst geschaffen haben – nichts sollte gekünstelt aussehen.
2. Ganz wesentlich für ein ausgewogenes Verhältnis ist, daß Sie die *Formen* und *Größen* Ihrer Pflanzen mischen, damit weder ein Solitär noch eine Pflanzengruppe dominiert. In westlichen Gärten legt man eher Beete an, in denen massenweise bunte Blumen stehen, aber gemäß Feng Shui leitet *unauffällige Bepflanzung* in ein paar zarten Farben und mit vielen grünen Blättern das *Chi* viel besser.
3. *Wege* sind ein wichtiger Bestandteil des Gartens, und wo wir sie im Westen meistens geradlinig anlegen, um möglichst schnell von einem Ort zum

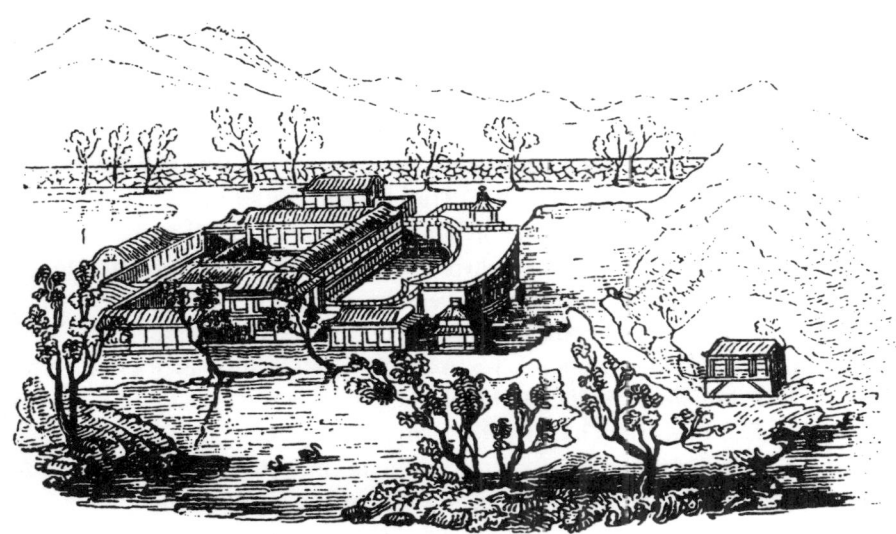

Ein traditioneller Feng-Shui-Garten mit Wasserelementen, Steingarten, Bäumen und Blumen (nach einem alten chinesischen Holzschnitt)

anderen zu gelangen, gilt dies im Feng Shui als gefährliche Form, die durch einen sanft geschwungenen oder gewundenen Weg ersetzt werden sollte, der den natürlichen Energiefluß erleichtert.

4. In einem Feng-Shui-Garten darf *nie drangvolle Enge* herrschen. Schon vor vielen hundert Jahren kamen die Chinesen darauf, daß sich ein Ort viel entspannender und harmonischer gestalten ließ, indem man gezielt ein paar Blumen, Pflanzen und Bäume ergänzend einsetzte und auch Platz für andere wichtige Elemente, beispielsweise einen Teich, einen Steingarten oder für ein kleines Kräuterbeet, ließ.

5. Obwohl oft der Eindruck entsteht, die Chinesen hätten eine Vorliebe für exotische Pflanzen und Blumen – eine Vorstellung, die sich vermutlich durch die ersten begeisterten Besucher dieses geheimnisvollen Landes festigte, die von einem »Märchenland voll bunter Blumen« sprachen –, kann man den gewünschten Effekt tatsächlich mit nur wenigen, im Feng Shui empfohlenen Pflanzen erzielen. Mit einem Wort: *Ausgewogenheit und Harmonie sind alles.*

13

In der westlichen Welt herrscht schon seit einigen Jahren eine große Begeisterung für japanische Gärten. Aber man darf nicht vergessen, daß die Philosophie, die dahintersteht, eigentlich von China nach Japan kam – allerdings entwickelten die Japaner in der Folgezeit ihre eigenen Regeln und damit ihren ganz eigenen Gartenstil und haben inzwischen vermutlich ihre Lehrer als Blumenspezialisten überrundet. Doch im Hinblick auf das sprunghaft gestiegene Interesse an Feng Shui in der westlichen Welt sollte man sich unbedingt genauer mit den alten Prinzipien befassen und an die Feng-Shui-Richtlinien halten, wenn man im Garten etwas verbessern möchte.

Es gibt viel zu sagen über dieses Verfahren, das im Garten natürliche Energie und Lebendigkeit erzeugen kann und es einem Gärtner auch ermöglicht, sich ein individuelles, friedliches Fleckchen zu schaffen, ganz gleich, wo er leben mag. Die Prinzipien haben selbst dann Gültigkeit, wenn Ihnen nur eine winzige Terrasse zur Verfügung steht. Wer die mehr als dreitausend Jahre alten Erkenntnisse der alten Chinesen umsetzt, kann heutzutage nicht nur seine Umgebung aufwerten, sondern vor allem seine Freude und sein Wohlbefinden steigern.

Also dann: fröhliches Feng-Shui-Gärtnern!

Philippa Waring
Suffolk, Frühjahr 1998

1. Erfolgreiche Gartengestaltung nach Feng-Shui-Regeln

Als David und seine Frau Anne ein Grundstück mit Doppelhaushälfte in einem Vorort erwarben, taten sie das, weil ihnen das Anwesen gefiel und es eine bequeme Zugverbindung nach London gab, wo David gerade eine neue Stelle angetreten hatte. Sie wußten beide, daß es am Haus einiges zu tun geben würde – es mußte neu gestrichen und eingerichtet werden, ein paar Veränderungen waren notwendig, später einmal vielleicht sogar ein Anbau –, aber im Geist sahen sie schon ihr neues Zuhause vor sich, in dem sie mit ihren beiden Söhnen, Chris und Tom, glücklich leben würden.

Heute geben sie zu, daß sie dem Garten bei der Hausbesichtigung nicht sehr viel Beachtung schenkten, da sich beide nicht für besonders eifrige Gärtner hielten. Eigentlich war es ein ganz normales Grundstück, wie man es überall in Vororten antrifft. Allerdings fiel ihnen während der Besichtigung auf, daß der Besitzer den hinteren Gartenteil größtenteils in eine Rasenfläche umgewandelt, an einer Seite einen Betonweg und an beiden Zäunen sehr bunt gemischte Blumenbeete angelegt hatte. Außerdem gab es ein kleines Gemüsegärtchen und einen Komposthaufen am hinteren Ende des Gartens.

In den Monaten nach ihrem Umzug beschränkten sich David und Anne darauf, den Rasen zu mähen, die Beete einigermaßen in Ordnung zu halten und etwas Gemüse anzupflanzen, richteten jedoch ihr Hauptaugenmerk auf das Haus. Erst im darauffolgenden Sommer, als sie sich dort heimisch fühlten, konnten sie ihre Umgebung so richtig in Augenschein nehmen. Ohne daß einer es vom anderen wußte, hatten beide, obwohl sie sich *im* Haus wohl fühlten, plötzlich den Eindruck, daß die Gärten vor und hinter dem Haus deprimierend wirkten. In den Innenräumen war es ihnen gelungen, eine für die Familie angenehme Atmosphäre zu schaffen, aber sobald einer von ihnen in den Garten hinausging, schien sich seine Stimmung zu verschlechtern, und er verspürte keine Lust mehr, sich dort aufzuhalten. Der Garten konnte sie intellektuell und spirituell einfach nicht richtig aufbauen.

Jeden Morgen verspürte Anne beim Blick aus den rückwärtigen Fenstern ein Gefühl, das nahezu an Hoffnungslosigkeit grenzte. Dasselbe geschah, wenn sie aus der Haustür trat und den Weg hinaufging, der schnurgerade zum Eingangstor zwischen den beiden Rasenflächen führte. Alles erschien sehr unbefriedigend, und so befürchtete sie, das Glück ihres Heims werde durch die – wie sie es bezeichnete – »Traurigkeit« oder mangelnde Lebendigkeit des Gartens langsam, aber sicher zerstört.

Genau zu jener Zeit las sie in einer Zeitschrift zum erstenmal etwas über Feng Shui. Anne sagte später, sie sei ganz begeistert davon gewesen, was diese alte chinesische Kunst – wollte man dem Artikel Glauben schenken – für ein Haus tun konnte, doch was ihr Interesse erst so richtig weckte, war eine Stelle, wo es hieß, daß Feng Shui dem Garten für das Wohlbefinden, die Gesundheit und den Wohlstand der Grundstücksbesitzer genauso viel Bedeutung beimaß. Weiter las sie, daß es ganz wichtig sei, die *äußere* Umgebung eines Hauses aufzuwerten, so wie man es auch innerhalb der vier Wände mache.

Anne las mehr über dieses Thema und sprach schließlich mit David darüber. Er räumte sofort ein, daß auch er das Gefühl habe, der Garten mache ihn irgendwie etwas niedergeschlagen, er habe aber das Thema nicht angesprochen, weil er Anne nicht den Eindruck vermitteln wollte, ihm gefiele das Haus nicht. Nach dieser Erkenntnis wollte er unbedingt erfahren, was Anne über Feng Shui herausgefunden hatte. Und obwohl heute beide zugeben, daß sie anfangs einer Lehre, die sich vor Jahrtausenden in China entwickelt hatte, etwas skeptisch gegenüberstanden, beschlossen sie, für Haus und Garten den Rat eines Feng-Shui-Experten beziehungsweise eines *xiansheng* einzuholen. Was die beiden bei dem Besuch dieses Mannes erfuhren – und was ihnen in der Folgezeit klar wurde, als sie seinen Rat befolgten –, war der Beweis für sie, daß ihr Gefühl hinsichtlich des Gartens tatsächlich berechtigt gewesen war.

Der *Xiansheng*, ein chinesischer Einwanderer aus Hongkong, erklärte David und Anne zunächst, daß die Energie ungehindert überall, sowohl durch das Haus als auch durch den Garten, fließen müsse. Vor allem, sagte er, liege das Anwesen in einer günstigen Himmelsrichtung (Südosten), und in der Nachbarschaft gebe es keine allzu schädlichen Einflüsse wie eine T-Kreuzung oder Masten. Im Haus, schlug er vor, sollten sie die Möbelstücke in mehreren Räumen verrücken, in den Fluren Spiegel und in der Nähe der Eingangstür ein Windspiel aufhängen, um damit den Fluß der hilfreichen Energien zu fördern, die er als *Chi* bezeichnete. Er wies darauf hin, daß im elterlichen Schlafzimmer das Bett falsch plaziert war, so daß diese natürliche Kraft nicht fließen konnte. Höchstwahrscheinlich sammelte sich in diesem Zimmer die schädliche Energie, das *Sha*, was eine harmonische Partnerbeziehung wohl kaum fördern könne.

Der Feng-Shui-Experte machte noch einige weitere Vorschläge zu Wandfarben und zur Verwendung bestimmter Dekorationsgegenstände in Küche, Wohnzimmer und Bad und ging dann mit ihnen in den Garten hinaus. Dort ging er schweigend einige Minuten lang umher und zählte dann die Fehlerquellen auf, die seiner Meinung nach dazu führten, daß sich überall gutes *Chi* und schlechtes *Sha* einen Kampf lieferten und somit für die mangelnde Vitalität verantwortlich waren. Der Garten war nicht nur einfallslos angelegt, sondern zahlreiche Elemente beeinträchtigten unmittelbar seine Harmonie.

Beispielsweise nahm der schnurgerade verlaufende Weg vom Haus bis ans Ende des Gartens das *Chi* direkt aus dem Haus durch den Garten mit, ohne daß sich seine Energie verteilen konnte. Auch lag eines der Blumenbeete an einer völlig ungeeigneten Stelle, wo es den Fluß der Erdenergien behinderte, und auch im anderen Beet leiteten nur sehr wenige Blumen das *Chi* besonders gut. Das kleine Gemüsebeet war ganz schlecht plaziert, und das Unkraut, das in dem brachliegenden Teil wucherte, erzeugte ebenfalls *Sha*. Ein abgestorbener Baum in einer Ecke, Moos im Rasen und der unansehnliche Komposthaufen am Ende des Gartens trugen allesamt dazu bei, daß die *Chi*-Energie erlahmte und an diesem Ort praktisch weder Ausgewogenheit noch Harmonie herrschten. Kein Wunder, daß sie sich deprimiert fühlten, wenn sie sich dort draußen aufhielten, sagte der Mann.

David und Anne schrieben sorgfältig alles mit, was ihnen der Berater sagte. Zur Lösung ihrer Probleme empfahl er ihnen zunächst, den Weg gewunden verlaufen zu lassen, um den *Chi*-Fluß aus dem Garten zu verlangsamen. Und da Wasser und Steine wesentliche Bestandteile von Feng Shui sind, schlug er vor, einen Teich mit einem Springbrunnen und einen kleinen Steingarten anzulegen. Der abgestorbene Baum mußte sofort entfernt und durch einen typischen Feng-Shui-Baum, zum Beispiel eine Weide, ersetzt werden. Sie sollten Gitter aufstellen, an denen sich einige Kletterpflanzen wie Glyzine oder Jasmin hochranken konnten, da diese beide den Garten verschönern und den *Chi*-Fluß verbessern würden. Er empfahl ihnen auch, statt eines Gemüsebeets einen Kräutergarten mit einigen Pflanzen anzulegen, die im Feng Shui besonders empfohlen werden, und händigte ihnen eine entsprechende Liste aus. Der Ort, an dem die Mülltonnen standen, war ein unschöner Anblick und stellte schlechtes Feng Shui dar. Er eigne sich viel besser zur Anlage einer kleinen, mit Steinen gepflasterten Veranda, auf der die Familie an Sommertagen in aller Ruhe sitzen konnte, meinte er. Die Mülltonnen seien besser in der Garage aufgehoben, wo genügend Platz war, selbst wenn das Auto dort stand.

Als der *Xiansheng* sich von David und Anne verabschiedete, schwirrten in ihren Köpfen Tausende von Ideen. Seine Worte bestätigten nicht nur, was sie bereits über die Macht des Feng Shui wußten, sondern waren auch eine hilfreiche Anleitung, wie sie aus ihrem Garten einen harmonischeren, hübscheren und angenehmeren Ort machen konnten. Unverzüglich gingen sie daran, Pläne zu zeichnen und eine Liste der Pflanzen und Blumen zu erstellen, die sie für diese Umwandlung benötigen würden. Unaufhörlich hallten die wohlmeinenden Abschiedsworte des Beraters in ihren Köpfen wider – sie sollten daran denken, daß bei der Feng-Shui-Gartengestaltung *Einfachheit* wichtig sei: Größe und Farbe der Pflanzen sollten nicht nur miteinander verschmelzen, sondern auch natürlich wirken. Die Energie der Natur sei überall präsent, hatte er abschließend gesagt; sie brauche nur die richtigen Bedingungen, um ihre größtmögliche Wirkung zu entfalten.

Es wäre falsch zu sagen, daß David und Anne ein Wunder an ihrem Garten vollbrachten und ihn über Nacht verwandelten. Sie stellten fest, daß gutes Feng Shui im Garten sehr viel Überlegung, umsichtiges Planen und harte Arbeit erforderte – und auch Geduld, wenn neue Elemente hinzugefügt wurden und die Pflanzen, Bäume und Blumen allmählich wuchsen und die ihnen zugewiesene Aufgabe erfüllten, nämlich den *Chi*-Fluß zu kanalisieren und schlechtes *Sha* abzuwenden. Anstelle des gerade verlaufenden Weges, wo früher Energie verlorengegangen war, legten sie nun einen anmutigen, gewundenen Pfad an. Eine ganze Ecke wurde in einen Goldfischteich und einen Steingarten verwandelt, während sie den Komposthaufen mit ein paar Büschen abschirmten und statt einem Gemüse- ein ansprechendes, duftendes Kräuterbeet anlegten. Die hier abgebildeten Gartenpläne zeigen, wie David und Anne ihr Anwesen komplett neubelebten. Nicht nur ihr Lebensstil verbesserte sich, nein, auch der Garten wurde dadurch viel pflegeleichter.

18

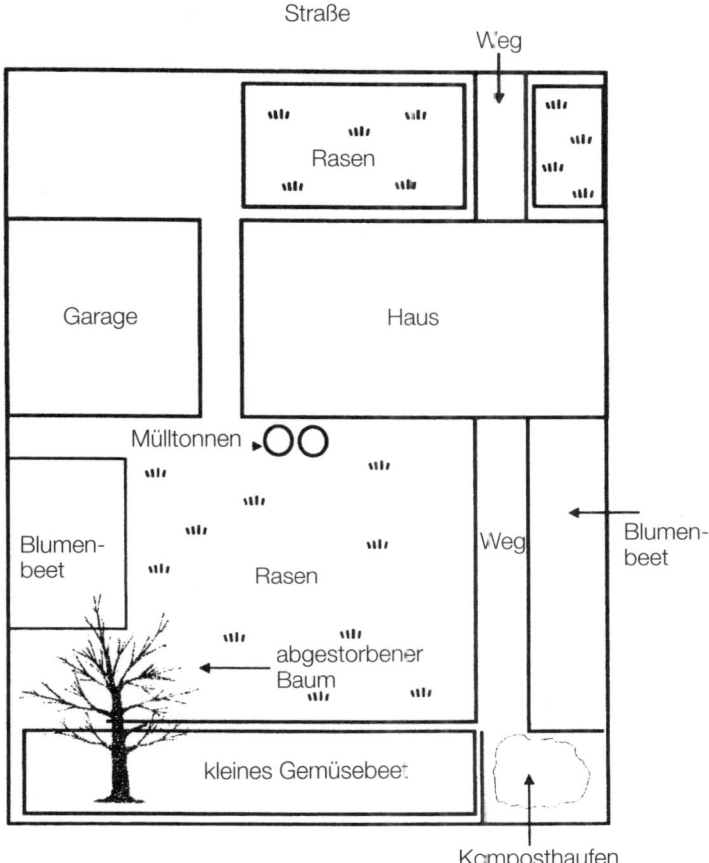

Straße

Weg

Rasen

Garage

Haus

Mülltonnen ▸OO

Blumen-
beet

Rasen

Weg

Blumen-
beet

abgestorbener
Baum

kleines Gemüsebeet

Komposthaufen

*Wie David und Anne mit Hilfe von Feng Shui den Garten ihrer Doppelhaushälfte um-
wandelten.*

Als Amanda, eine junge Computersystem-Analytikerin, ihre Erdgeschoßwohnung mit Terrasse bezog, wußte sie schon etwas über Feng Shui. Sie hatte sich
für die 4-Zimmer-Wohnung mit Wohn-Eßzimmer, Schlafzimmer, Bad und
Küche nämlich aus dem Grund entschieden, weil sie nach Süden lag und sich
die Innenräume entsprechend den Erfordernissen dieser alten Kunst ver-
gleichsweise einfach umbauen ließen. Das gelang ihr während der Frühlings-
monate, nachdem sie eingezogen war.

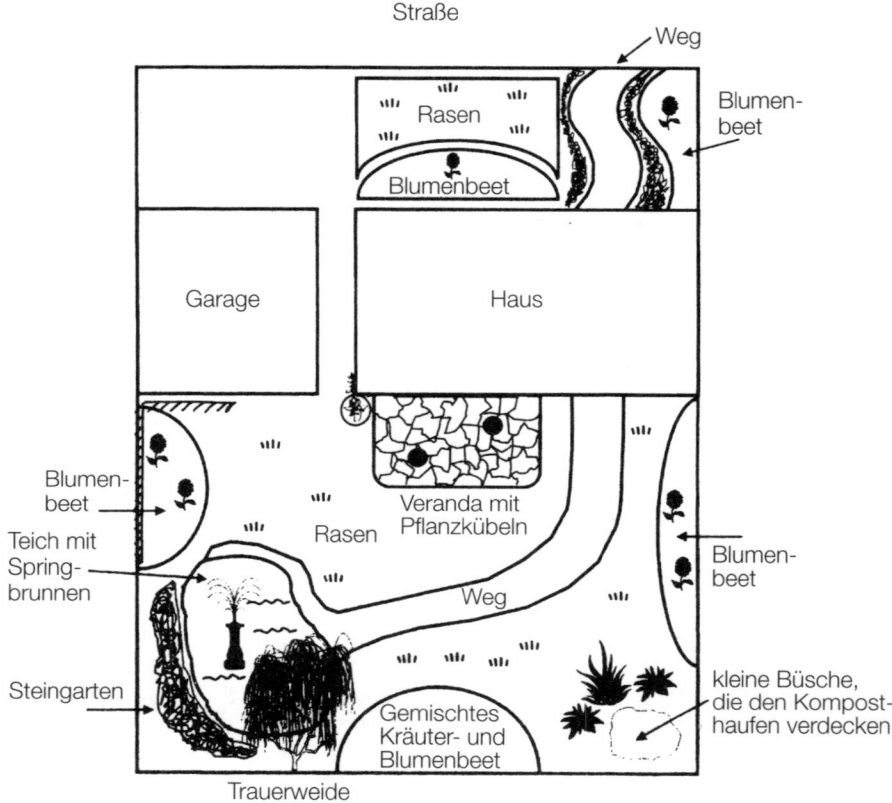

Straße

Weg

Rasen

Blumenbeet

Blumenbeet

Garage

Haus

Blumenbeet

Teich mit Springbrunnen

Rasen

Veranda mit Pflanzkübeln

Weg

Blumenbeet

Steingarten

Gemischtes Kräuter- und Blumenbeet

kleine Büsche, die den Komposthaufen verdecken

Trauerweide

Aber kaum war sie eingerichtet, hatte sie wie David und Anne das Gefühl, daß etwas nicht stimmte. Durch die richtige Plazierung von Gegenständen, Umdekorierung, durch Spiegel und kleine Ziergegenstände hatte sie zwar gutes Feng Shui geschaffen, aber der rückwärtige Teil des Grundstücks bereitete ihr noch immer Unbehagen, an dem weder die Nachbarn noch der Garten selbst schuld waren. Sie beschloß, den Feng-Shui-Berater zu bestellen, den sie bei ihrer vorigen Wohnung konsultiert hatte, und sich beraten zu lassen. Schon wenige Minuten nach seiner Ankunft teilte der *Xiansheng* Amanda mit, daß tatsächlich der rückwärtige Garten das Problem darstelle.

Er wies darauf hin, daß es dort nur gerade Linien und Sackgassen gab, in denen sich schlechtes *Sha* staute. Durch die hohen Ziegelmauern wirkte alles

20

ziemlich dunkel und düster, und auch der Weg, dessen Betonbelag inzwischen Risse bekommen hatte und einige Meter weit schnurgerade ans Ende des Gartens führte, war für den *Chi*-Fluß nicht gerade förderlich. Das quadratische Rasenstück war völlig eintönig, und bei vielen Pflanzen, die Amanda in dem L-förmigen Blumenbeet gehegt und gepflegt hatte, handelte es sich in Wahrheit um Unkraut. Im ganzen Garten gab es nicht einen einzigen Baum oder Strauch, so daß er insgesamt beengend und deprimierend wirkte.

Der *Xiansheng* sagte, Amanda müsse zuerst etwas gegen die trostlosen Mauern tun. Er empfahl, die Ziegel mit mehreren sanft geschwungenen Wandschirmen aus Bambus zu kaschieren und so den Eindruck von Geräumigkeit – und damit mehr Privatsphäre – zu schaffen. Ein kleiner Zierbaum, beispielsweise eine blühende Kirsche, sei ideal für die linke Ecke, während sich zur anderen Ecke ein Pfad hinschlängelte. Des weiteren würde ein kleines Wasserelement wie ein Springbrunnen das *Chi* und viele Kleinlebewesen anlocken. Auf die kleine Rasenfläche brauche sie nur neue Grassoden zu legen, aber die Erdenergien würden ungehinderter fließen, wenn sie ein paar stark duftende Pflanzen und Blumen ins Beet setzte.

Der *Xiansheng* meinte, daß eine Steinterrasse von der rückwärtigen Tür in den Bereich vor dem Wohn-Eßzimmer-Fenster ein harmonisches Fleckchen werden könne, an dem sich Amanda entspannen könne. Sie solle dort in Abständen ein paar Kübelpflanzen aufstellen und da, wo Wohnung und Mauer zusammentrafen, eine Kletterpflanze ziehen. Schließlich schlug er eine »Kuschelecke« am äußeren Ende des Gartens vor und empfahl eine der altmodischen S-förmigen Sitzgelegenheiten, auf denen ein Liebespärchen nebeneinander sitzen kann.

Angeregt durch seine Ratschläge verbrachte Amanda die folgenden Sommerwochenenden damit, den Garten in Ordnung zu bringen. Fachleute halfen ihr bei der Arbeit an der Veranda und dem geschwungenen Gartenpfad. Sie beschloß, eine Glyzine an einem Teil der Bambusverkleidung hochwachsen zu lassen, kaufte einen ihrer heißgeliebten ›Old Blush‹-Rosenbüsche und suchte sich verschiedene angenehm duftende Büsche, Blumen und Kräuter aus, die das Feng Shui für das Blumenbeet und Pflanzgefäße empfiehlt. Die Platten für die Veranda ließ sie im Fischgrätmuster verlegen, wobei sie zwei kreisförmige Öffnungen aussparte, in die sie zur Auflockerung des Ganzen Blumen pflanzen konnte. Um aus dem begrenzten, ihr zur Verfügung stehenden Raum das Beste herauszuholen, kaufte sie zum Schluß zwei kleine Tröge,

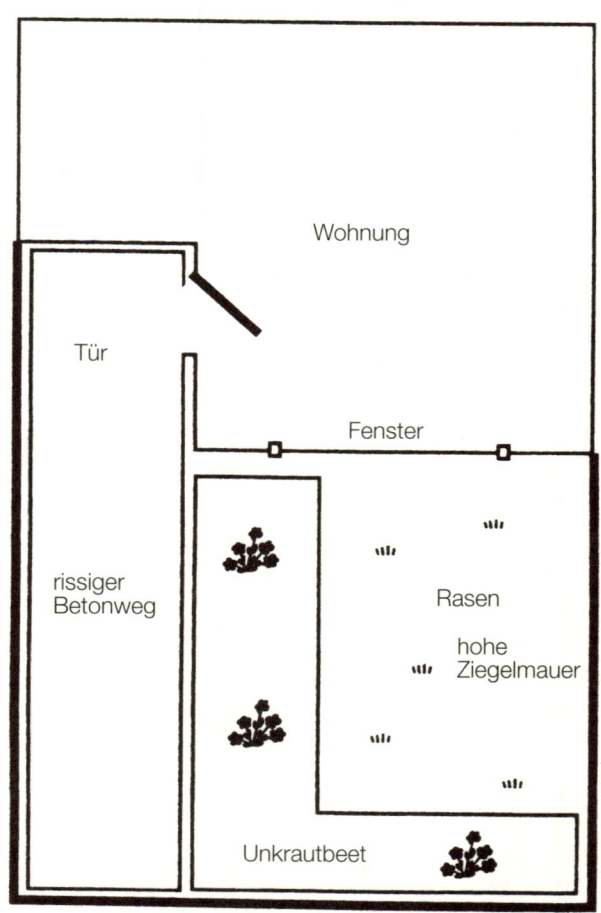

Durch Feng Shui wurde Amandas Erdgeschoßwohnung zu einem Ort des Friedens und der Harmonie.

die sie neben der Hintertür aufstellte und mit Salbei, Poleiminze und Koriander bepflanzte, damit sie jedesmal, wenn sie aus der Wohnung trat, das köstliche Aroma einatmen konnte – und damit auch den sanften Fluß des *Chi* auf dem Grundstück unterstützte. Ein Jahr später zeigte Amanda ihren Freunden glücklich und voller Stolz den wiederbelebten Garten, der nun duftend in voller Schönheit und Harmonie erstrahlte.

22

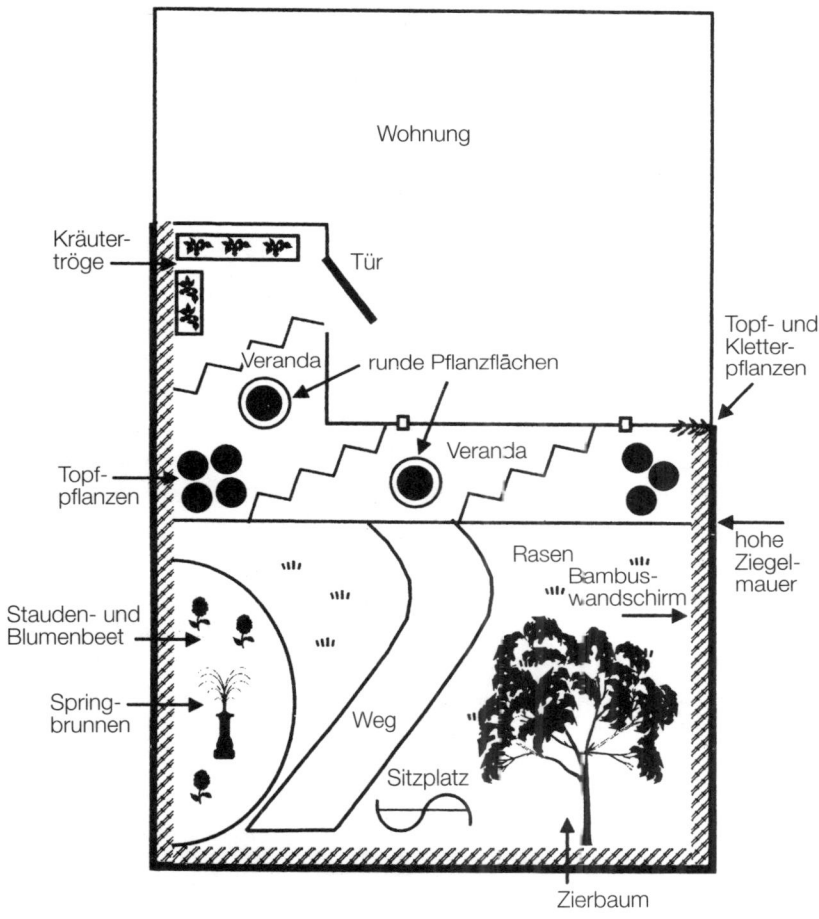

Wohnung

Kräuter-
tröge

Tür

Veranda

runde Pflanzflächen

Topf- und
Kletter-
pflanzen

Topf-
pflanzen

Veranda

Stauden- und
Blumenbeet

Rasen

Bambus-
Wandschirm

hohe
Ziegel-
mauer

Spring-
brunnen

Weg

Sitzplatz

Zierbaum

Natürlich gleicht kein Garten dem anderen, und egal ob Sie mit einem unbe-
rührten Stück Land eines neuen Anwesens beginnen oder das vernachlässigte
Grundstück rings um ein älteres Haus in Angriff nehmen – die Philosophie
des Feng Shui ist überall dieselbe. Die alte Kunst *kann* funktionieren und
funktioniert auch *tatsächlich*, und auf den folgenden Seiten hoffe ich Ihnen
zeigen zu können, wie Sie – genau wie David, Anne und Amanda – dieses
Stückchen chinesischer Magie an Ihrem eigenen Grundstück ausprobieren
können, ganz egal wo Sie wohnen.

2. Das Geheimnis von »Wind und Wasser«

Feng Shui entwickelte sich vor mehr als dreitausend Jahren aus den Beobachtungen, die die Chinesen in der Natur und ihrer Umgebung machten. Der Name *Feng Shui* enthält zwei lebenswichtige Elemente, nämlich Wind und Wasser, und diese Lehre wurde von einigen Kapazitäten unserer Zeit als »Elektrizität der Natur« bezeichnet. Ob es nun wirklich eine Kunst oder nur eine Mischung aus Aberglauben und Volksüberlieferung ist, wie Kritiker behaupten – die erstaunliche, wachsende Beliebtheit von Feng Shui im ausgehenden zwanzigsten Jahrhundert ist jedenfalls zum größten Teil auf seinen behutsamen Umgang mit der Umwelt sowie auf seine Philosophie der Harmonie zwischen dem Menschen und seiner Umgebung zurückzuführen, deren Ziel die Förderung von Gesundheit, Glück und Wohlstand ist.

Natürlich sind Wind und Wasser nicht nur im Feng Shui von Bedeutung. Jeder Gärtner weiß, daß sie für das erfolgreiche Gedeihen von Blumen, Pflanzen und Bäumen gleichermaßen wichtig sind – das ist einer der Gründe, weshalb Feng Shui im Leben der Menschen, die vor vielen hundert Jahren die Gärten Chinas anlegten, eine so zentrale Rolle spielt. Jene Weisen entwickelten das Feng Shui behutsam zu einer Kunstform des Gartenbaus – sozusagen zu einer »Wissenschaft«, wie es seine glühendsten Anhänger formulieren –, die man heute auch in unseren Breitengraden effektiv umsetzen kann.

Wir wissen, daß die Wiege der alten chinesischen Zivilisation das riesige Zentralplateau ist, das sich von den Ausläufern des Himalaya im Westen bis an die Pazifikküste im Osten erstreckt. Genau hier, ungefähr am 40. Breitengrad, der auch durch Griechenland, Süditalien, Spanien und die Südstaaten der USA verläuft, fanden sich die Bewohner aus allen Himmelsrichtungen ein, und es entstand eine der ersten großen Zivilisationen der Welt. Dabei war dieses Gebiet aber keineswegs eine Art Garten Eden – im Sommer gab es unberechenbare Regenfälle, und im Winter konnte es auf den Ebenen kalt und trocken sein –, doch in der Erde gediehen sehr wahrscheinlich die unterschiedlichsten Bäume, Pflanzen, Blumen und Kräuter, die den Menschen Kraft und Nahrung spendeten. Durch Anbau und Vermehrung all dieser Pflanzen wurden die Chinesen, die die Ebenen bewohnten, zu den ersten Landwirten, später zu den ersten Gärtnern der Welt. Diesem Volk lag das Pflanzenleben am Herzen, und es verehrte Wesen, die in seinen Augen »die Götter des Pflanzenreichs« waren. Weise Männer begannen daraufhin die Bedeutung der Umgebung und die Beziehung des Menschen zu ihr zu untersuchen. Sie spürten, daß eine Energie alles, sie eingeschlossen, antrieb, und entwickelten nach und nach eine – Feng Shui genannte – Lebensart, um sich diese Naturkraft zunutze zu machen.

Menschen aus der westlichen Welt, die zum erstenmal von Feng Shui hören, sind über das Gesamtkonzept meistens ziemlich verblüfft, um so mehr, als die rätselhaften Chinesen es mit den Elementen Wind und Wasser vergleichen, »weil niemand völlig versteht, daß sich Wind und Wasser nicht fassen lassen«. Im Grunde genommen ist es ein Verfahren, das aus einer sehr eingehenden Beschäftigung mit der Beziehung zwischen Mensch, Natur und Himmel entstanden ist. Dabei konnte anhand generationenalter Erfahrungen gezeigt werden, daß Menschen, die im Einklang mit ihrer Umgebung leben, ihr Leben ungemein bereichern und die Möglichkeiten persönlicher Erfüllung steigern können.

Die Naturwissenschaft entwickelte sich in China ganz anders als im Westen. Statt auf der Suche nach wissenschaftlicher Erkenntnis praktische Tests und Experimente durchzuführen, lehnten die alten Chinesen den Einsatz von Messern und Instrumenten ab und hielten nur das fest, was sie *beobachteten*. Daraus entwickelte sich ein Wissensschatz, der alte Traditionen mit innerem Bewußtsein verband. Tatsächlich führte diese radikale Art von Wissenschaft zu zahlreichen Entdeckungen, und zwar lange bevor man vielen Phänomenen durch herkömmliches Experimentieren auf die Spur kam – beispielsweise den natürlichen Energiekräften der Erde, die sich im nachhinein als das Magnetfeld des Planeten erwiesen. Diese Kräfte beschrieben die Weisen als »Lebensatem« und nannten sie *Chi* (»Tschi« gesprochen).

Nach Ansicht der Chinesen belebt diese Energiekraft alles – die Welt, in der wir leben, alle Lebewesen und Pflanzen und natürlich auch uns selbst. Das *Chi* ist jedoch mit bloßem Auge nicht zu erkennen, auch kann man es weder hören, noch fühlen, berühren oder schmecken. Doch es hält alles zusammen, da es alles Ober- und Unterirdische, Wasser, Gestein und sogar die

Luft durchdringt und somit jeden Lebensbereich des Menschen in seiner Umgebung beeinflußt. Das *Chi* war und ist ganz einfach der wichtigste Aspekt der Feng-Shui-Philosophie und der Schlüssel zu einem harmonischen Leben. Die alten Weisen waren sich darin einig, daß es der Geist war, der unsere Welt durchdrang und belebte, indem er das erzeugte, was wir unsere »Energie«, Leben in der Natur, die Bewegung von Wasser und das Pflanzenwachstum nennen. Sie folgerten daraus, daß alles den »Lebensatem« brauchte, um existieren zu können.

Aber genau die Tatsache, daß die Menschen nicht immer ein idyllisches Dasein führen, zeigte den alten Chinesen, daß das *Chi* wohl nicht immer ungehindert fließen konnte. Offenbar wurde es manchmal unterbrochen, und das führte zu schlechtem Feng Shui. Dieses stagnierende *Chi* nannten sie *Sha* und suchten nach Gegenmaßnahmen, die den ungestörten *Chi*-Fluß gewährleisten sollten. Sie fanden heraus, daß die schwerwiegendsten Ursachen für schlechtes Feng Shui gerade verlaufende Linien, scharfe Kanten, Sackgassen waren – Formen, die den freien Fluß des *Chi* (besonders bei einer Wohnstätte oder einem Garten) verhinderten. Änderte man etwas an diesen »Hindernissen« – indem man sie beispielsweise mit Hilfe geschwungener Oberflächen oder Spiegel abwendete, konnte der »Lebensatem« wieder ungehindert strömen. (Übrigens ist es ganz interessant, daß im Körper nach Ansicht von Akupunkteuren vier Arten von »Lebensatem«, das heißt Energie, zirkulieren – die Energie zur Verteidigung, Energie, die von den inneren Organen erzeugt wird, Energie aus ursprünglicher Quelle und Energie zur Ernährung – und daß das *Chi* im Augenblick des Todes den Körper verläßt.)

Die Feng-Shui-Gelehrten achteten genau auf jeden Beweis dafür, daß sich das Universum ständig verändert. Dies, so folgerten sie, müsse durch die Wechselwirkung zweier immerzu sich bewegender Kräfte verursacht werden, die sie sich als hell und dunkel, aktiv und passiv, positiv und negativ, männlich und weiblich vorstellten. Die dunklere, negative, weibliche Seite dieser Kräfte nannten sie *Yin*, die hellere, aktivere, männliche Seite *Yang*. Dies waren in ihren Augen nicht bloß Gegensätze, sondern das harmonische Gleichgewicht zweier Kräfte, die jeweils ohne die andere nicht existieren konnten und die in Verbindung mit dem *Chi* alles Lebende und Organische durchdrangen und dadurch für Harmonie und Gesundheit sorgten.

Das chinesische Symbol für *Yin* und *Yang* sehen Sie auf der Abbildung Seite 27. Damit Ihnen die Beziehung zwischen diesem Symbol und den ande-

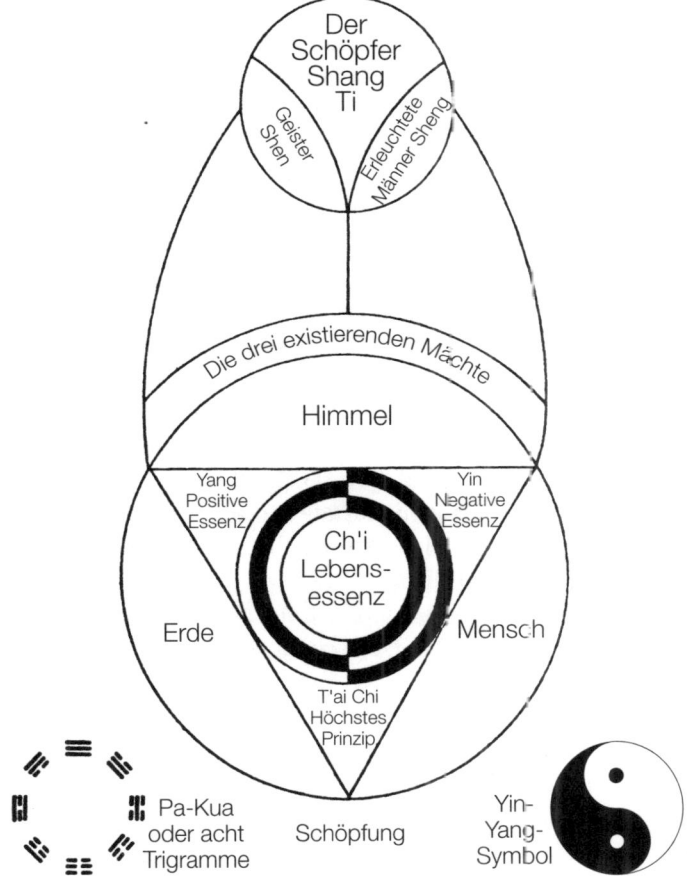

Die wichtigsten Elemente des Feng Shui. Nach einem alten Schaubild.

ren Elementen klar wird, möchte ich gern aus einer der ersten, verständlichsten, auf Englisch verfaßten Zusammenfassungen über Feng Shui zitieren. Sie stammt von Thomas Taylor Meadows (1819-1869), der mehrere Jahre lang Konsularbeamter in Kanton und ein weithin angesehener Wissenschaftler altchinesischer Geschichte war. Er schrieb über diese Philosophie in seinem Werk *The Chinese and their Rebellions* (1862) folgendes:

Alle Natur, ob belebt oder unbelebt – das Universum im weitesten oder eigentlichen Sinn des Wortes –, basiert auf und existiert mittels einer obersten Wesenheit, deren Fachbegriff oder richtiger Name Tai Chi lautet. Wörtlich bedeutet dieser Begriff das Große Extrem, und es soll den äußersten Punkt bezeichnen, bis zu dem der Mensch mit seinen Vermutungen über das Wesen der Existenz gelangen konnte. Da dieses Große Extrem, das ich der Einfachheit halber eine Wesenheit genannt habe, völlig immateriell ist und an dem Prozeß mitwirkt, durch das materielle Universum auf immer gleiche Weise entsteht, könnte man es als Gesetz betrachten – als die unverbrüchliche Ordnung, innerhalb der all die mannigfaltigen und verschiedenartigen Phänomene des Universums stattfinden. Ich werde das Tai Chi daher das Höchste Prinzip nennen.

Das Höchste Prinzip wirkt seit Ewigkeiten – auch heute noch – in einem dynamischen Prozeß, dem es zu verdanken ist, daß belebte und unbelebte Natur seit Anbeginn der Zeiten existiert. Dieser Prozeß wird als Pulsieren, als Abfolge von aktiven und passiven Zuständen, als Ausdehnung beziehungsweise Kontraktion dargestellt; diese Abfolge hatte, wie bereits gesagt, niemals einen Anfang. Das Höchste Prinzip mit seiner »aktiven, sich ausdehnenden« Wirkungsweise bildet und erzeugt das *Yang* beziehungsweise die Positive Essenz; in seiner »passiv-intensiven« Wirkungsweise stellt es das *Yin* oder die Negative Essenz dar und bringt diese hervor. Es heißt, die Positive Essenz verwandle, die Negative Essenz vereine. Bei besagter Aktion erzeugen sie die fünf Elemente der materiellen Welt: Erde, Feuer, Wasser, Metall und Holz. Darunter darf sich der Leser freilich nicht die sichtbaren, faßbaren Gegenstände gleichen Namens vorstellen, sondern fünf Essenzen, die sich gegenseitig zerstören und hervorbringen.

Bei der Erzeugung der Fünf Elemente entstehen gleichzeitig die Vier Jahreszeiten. Unter den Vier Jahreszeiten dürfen wir nicht nur die vier Abschnitte des Jahres verstehen, sondern es sind vier besondere, doch untergeordnete Prinzipien, oder vielmehr vier spezialisierte Formen des Höchsten Prinzips, die in der Natur jeweils zu den Zeiten vorherrschen, die man Frühling, Sommer, Herbst und Winter nennt. Es findet nun eine transzendentale Vereinigung und Verschmelzung des Höchsten Prinzips, der Zwei Essenzen und der Fünf Elemente statt. Die Positive Essenz wird zur männlichen Kraft, die Negative Essenz zur weiblichen – in dieser Form stellt erstere das Himmlische, letztere das Irdische Prinzip dar. Durch wechselseitige Reaktion erzeugen diese beiden alle Dinge in der sichtbaren, begreifbaren Welt; und das zweifache Werk von Entstehung und Auflösung setzt sich ohne Ende fort.«

Allen, die mein erstes Buch *Vom richtigen Wohnen* gelesen haben, ist sicher aufgefallen, daß *Chi* und *Yin* und *Yang* nur die ersten von vielen Faktoren sind, mit deren Hilfe Sie Feng Shui zur Verbesserung Ihres Zuhauses einsetzen oder – wie jene alten Chinesen – den richtigen Platz finden können, an dem sie ein Heiligtum aufstellen, einen Tempel errichten oder aber ein Grab ausheben sollen. Zu den am häufigsten genutzten Gegenständen dieser Feng-Shui-Schule gehören:

1. Ein *Luopan* genannter Kompaß mit zahlreichen komplexen Ringen mit Symbolen und Buchstaben, mit deren Hilfe der *Xiansheng* einen geeigneten Standort zu finden versucht.

2. Eine Serie von acht Trigrammen, *Bagua* genannt, die jeweils aus drei unterbrochenen und/oder durchgehenden Strichen in unterschiedlichsten Kombinationen bestehen und eine bemerkenswerte Quelle des Wissens darstellen, welches in dem berühmten Buch *I Ging*, und dem einzigartigen Quadrat mit neun Zahlen, dem *Lo Shu*, erklärt wird. Die Zahlen in jeder Reihe ergeben horizontal, diagonal und vertikal dieselbe Summe, nämlich 15. Mit diesem Quadrat kann man die Zukunft vorhersagen. Es spielt zwar im Garten keine besonders wichtige Rolle, wer aber mehr darüber wissen will, sollte in meinem Buch *Vom richtigen Wohnen* nachlesen.

Die in *Yin* und *Yang* verkörperten Vorstellungen sind bei der Gartengestaltung nach Feng Shui sehr wichtig, wenn man das richtige Gleichgewicht zwischen Haus und Garten einerseits und Bäumen, Pflanzen, Blumen und baulichen Elementen andererseits erzielen will. Ich habe bereits darauf hingewiesen, daß Wege, die das Haus mit dem Garten verbinden, geschwungen oder zickzackförmig verlaufen sollten (aber niemals verschlungen, da dies unter Umständen das *Chi* »bindet«). Auch kann man mit Stein- oder Kieselmosaiken, ob auf einem Weg oder einer Veranda, die Dualität von *Yin* und *Yang* betonen. Wenn Sie irgendwo im Garten eine kleine Brücke aufstellen möchten, die beispielsweise über einen Bach oder Teich führt, sollte diese bogenförmig sein.

Es eignen sich auch Ziegelmauern und Holzwände, um Haus und Garten miteinander zu verbinden. Feng Shui rät, sie an einer Stelle zu öffnen, da dies den Gegensatz zwischen Himmel und Erde symbolisiert und auch den *Yin/Yang*-Prinzipien entspricht. Bekannt als *Hau chi'ang* oder Zierwände gibt

Ein Loch in einer Gartenmauer, das eine umfassende Ansicht auf die Umgebung, besonders auf Wasser, bietet, bedeutet gutes Feng Shui. Diese Öffnungen heißen auch Hau chi'ang.

es sie in zwei Ausführungen: einmal mit einer phantasievoll gestalteten Öffnung, durch die man die Welt sehen kann, oder solche, bei denen der Blick auf eine behutsam vorbereitete Landschaft fällt und der Eindruck von mehr Räumlichkeit entsteht. Denselben Effekt erzielt man auch mit einem kleinen Pavillon (oder einer Laube) mit runden oder quadratischen Fenstern, der den Fluß des »Lebensatems« begünstigt.

Statuen von symbolischen Tieren, die die Chinesen seit Jahrhunderten verwenden, sind ebenfalls gut für das *Chi*: so bekannte Feng-Shui-Wesen wie der Drache und die Schildkröte fördern die natürliche Energie und die dualen Kräfte. Im nächsten Kapitel werde ich erklären, wie die vier Seiten des Gartens jeweils mit den berühmten Wesen aus der chinesischen Legende zusam-

DIE FÜNF ENERGIEN

ELEMENT	Holz	Feuer	Erde	Metall	Wasser
PLANET	Jupiter	Mars	Saturn	Venus	Merkur
JAHRESZEIT	Frühling	Sommer	Spätsommer	Herbst	Winter
HIMMELSRICHTUNG	Osten	Süden	Mitte	Westen	Norden
WETTER	Wind	Hitze	Sonnenschein	Kälte	Regen
KLIMA	stürmisch	heiß	feucht	trocken	eiskalt
FARBE	Grün	Rot	Gelb	Weiß	Schwarz
GERUCH	ranzig	verbrannt	duftend	verfault	verwest
GESCHMACK	sauer	bitter	süß	scharf	salzig

menhängen und wie man sie entsprechend der Feng-Shui-Richtlinien bei der Gartenplanung einsetzt.

Daneben gibt es jedoch eine andere Gruppe von Symbolen, die für das Feng Shui eines Gartens genauso wichtig sind und auf die schon Thomas Taylor Meadows hingewiesen hat. Sie sind als »Theorie der Fünf Elemente« oder, allgemeiner ausgedrückt, als »Fünf Energien« bekannt, nämlich Erde, Feuer, Wasser, Metall und Holz.

Nach den Worten des legendären chinesischen Weisen Wu Hsing, der diesen besonderen Aspekt der Feng-Shui-Philosophie etwa im dritten Jahrhundert v. Chr. definiert haben soll, bewegen sich Energiekräfte grundsätzlich auf fünf Arten: *nach außen und innen, nach oben und unten und kreisförmig.* Wu Hsing und die Gelehrten seiner Zeit verknüpften dieses Konzept mit den Elementen Holz, Feuer, Metall und Wasser, wobei die Erde den Mittelpunkt bildet.

Dies führte in erster Linie dazu, daß man sich mit der Bewegung von *Energie* beschäftigte, die im Feng Shui seit langem eine bedeutende Rolle spielt, besonders wo es den Garten betrifft, denn hier wird etwas über die Lebendigkeit unserer Umgebung ausgesagt.

Wie die Tabelle der »Fünf Energien« zeigt, kommt jede Energiebewegung als natürliches Element zum Tragen, das symbolisch für alle anderen gleichartigen Energien steht. Diese Energien sind auch mit mehreren bekannten Kräften und Sinneswahrnehmungen, beispielsweise den großen Planeten unseres Sonnensystems, den *Jahreszeiten*, den Himmelsrichtungen und sogar Aromen und Gerüchen, verbunden.

All diese Energien interagieren miteinander in zyklisch verlaufenden Mustern, die sich am besten am Wechsel der Jahreszeiten verdeutlichen lassen.

Wie sicher jeder Gärtner weiß, dehnt sich Energie im Frühjahr nach *außen* und im Sommer nach *oben* aus. Im Herbst wendet sie sich langsam nach *innen* und macht im Winter dann eine spiralförmige *Abwärtsbewegung*. Mit der Wiederkehr des Frühlings beginnt der ganze Zyklus von Ausdehnung, Aufsteigen und Verdichtung, getrieben von der Rotationskraft der Erde, von neuem. Feng Shui erklärt die Energie hinter jedem Symbol folgendermaßen:

– Holz *(Mu)*. Der Baum repräsentiert eine große Energiekraft, die sich in alle Richtungen ausdehnen kann. Er symbolisiert den Beginn eines Wachstumszyklus und die Ankunft des Frühlings.
– Feuer *(Huo)*. Nach oben züngelnde Flammen sind das Symbol für diese Energie, die im Sommer zu einem Gipfel aufstrebt, dann allmählich abnimmt und niedergeht.
– Erde *(Tu)*. Der Mittelpunkt der Fünf Elemente, wo die Energie um ihre eigene Achse rotiert und damit den Wechsel der Jahreszeiten beeinflußt. Hier ist die Erde als Phase zwischen der Erhebung des Feuers und der Einwärtsbewegung des Metalls dargestellt, aber auf einigen Feng-Shui-Diagrammen ist sie als der Mittelpunkt abgebildet, um den die anderen vier Energien kreisen.
– Metall *(Chin)*. Diese Kraft verdichtet sich während ihrer Einwärtsbewegung im Herbst und macht diesen dadurch zur konzentriertesten der Energien und zum Symbol der Energie-Verschmelzung, die vor Winterbeginn stattfindet.
– Wasser *(Shui)*. Es symbolisiert die Energie, die während der unwirtlichen winterlichen Bedingungen in einer Zeit der Ruhe und Stille nach unten in die Tiefen strebt, in die kein Licht dringt.

Die ersten Feng-Shui-Vertreter hielten auch fest, wie die Fünf Energien miteinander in – wie sie es nannten – dem »Hervorbringungszyklus« und dem »Zerstörungszyklus« interagierten. Anhand dieser Formeln konnten sie zeigen, wie man mit Hilfe der Fünf Energien den Einfluß und die Intensität der anderen Elemente nutzen kann.

Hervorbringungszyklus – Generative Abfolge
HOLZ
brennt und erzeugt
FEUER
das Asche hinterläßt oder
ERDE
aus welcher man gewinnt das
METALL
das geschmolzen fließt wie
WASSER
das notwendig ist, um wachsen zu lassen das
HOLZ
und so weiter

Zerstörungszyklus – Destruktive Abfolge
FEUER
schmilzt
METALL
welches durchschneidet das
HOLZ
das die Nährkraft entzieht der
ERDE
die verschmutzt das
WASSER
welches löscht das
FEUER
und so weiter

Auf den Garten bezogen besagt Feng Shui, daß man mit Hilfe der Fünf Energien dafür sorgen kann, daß zwischen den unterschiedlichen Elementen eines Gartens – Dingen wie *Form* und *Farbe* einer jeden Konstruktion auf dem Boden – Harmonie herrscht, so daß das *Chi* ungehindert fließen und das Wohlbefinden eines jeden, der hier entlanggeht, günstig beeinflussen kann. Natürlich haben viele Menschen ein intuitives Gefühl für Formen und Farben, und solche Instinkte sollten bei der Planung eines Gartens nicht ignoriert werden. Die Formen selbst werden automatisch den *Energie*fluß in ihnen und um sie herum beeinflussen. Die Hauptpunkte des Feng Shui lassen sich wie folgt zusammenfassen:

- *Holz.* Als Symbol der Ausdehnung und des Wachstums wird es von rechteckigen Gebäuden repräsentiert. Die dem Holz innewohnende Energie zeigt sich am besten an Grünschattierungen.
- *Feuer.* Die Aufwärtsbewegung der Flammen läßt an dreieckige Gebäude oder solche mit spitzem Dach denken. Diese kraftvolle Energie wird durch die Farbe Rot repräsentiert.
- *Erde.* Die am häufigsten anzutreffende Form, das Quadrat, ist das Symbol für die Stabilität und Sicherheit der Erde. Solche Gebäude haben sanft geschwungene oder flache Dächer und sollten entweder in den Farben Gelb oder Braun dekoriert werden.
- *Metall.* Kreisförmige oder runde Gebäude symbolisieren das Metall, bei dem die Energie hauptsächlich nach innen gerichtet ist. Wie das Metall selbst sollten solche Gebäudeformen weiß gestrichen werden.
- *Wasser.* Gebäude, die sanft geschwungen sind oder eingebuchtete Dächer haben, die an fließendes Wasser erinnern, stehen symbolhaft für die Wasserenergie. Die beste Farbe für sie ist natürlich Blau.

Als Feng Shui erst am Anfang seiner Entwicklung stand, fiel den Weisen bei der Erforschung seiner Anwendungsmöglichkeiten auf, daß es wichtig war, ein Haus und das es umgebende Gelände vor schädlichem *Sha* zu schützen. Eine Möglichkeit, solchen Kräften entgegenzuwirken, bestand darin, ein »schützendes« Element ganz in der Nähe zu plazieren, beispielsweise einen Baum, eine Hecke, ja sogar eine kleine Mauer. Bei weiteren Versuchen fanden sie heraus, daß sie das »Lebensblut der lebenden Erde« (wie das *Chi* gelegentlich in mystischen Kreisen umschrieben wird) beleben konnten, indem sie rings um ihre Häuser Gärten in vorher unfruchtbaren Gebieten anlegten und Elemente wie Wege, Teiche, Steingärten und kleine Pavillons, aber auch Blumen, Pflanzen und Bäume mit besonderer symbolischer Bedeutung miteinbezogen.

Diese Pioniere kamen dann auch darauf, daß die Maßnahmen in einem Haus, die sein Feng Shui verbessern sollten – einem Raum eine neue Farbe geben, Möbel neu aufstellen oder einen Spiegel aufhängen –, im Außenbereich genauso wirksam waren. Bei diesem Konzept spielte es anscheinend keine große Rolle, ob ein Gärtner eine Pflanze näher ins oder aber weg vom Sonnenlicht rückte, um deren Wachstum zu fördern. Lage und Himmelsrichtung waren ganz besonders wichtig, denn auf diese Weise konnte man das *Chi* im Garten genauso erfolgreich wie im Haus nutzen.

Im *Yuan Ze*, dem allerersten Feng-Shui-Handbuch, in dem von Gartengestaltung die Rede ist, heißt es, der beste Garten entstehe da, wo grobe Oberflächen mit weichen kontrastieren – beispielsweise bei feststehenden Steinbrocken, die von fließendem Wasser harmonisiert werden. Aus diesem Grund glaubten die Chinesen, die perfekte Lage für einen Garten sei neben einem See mit Blick auf die Berge. Heute findet man solche Gärten in China, Japan, Hongkong, Singapur, ja sogar in einigen weiter westlich gelegenen Ländern, aber solch eine Lage haben unsere Gärten natürlich meistens nicht. Also müssen die Feng-Shui-Prinzipien auf einen kleineren Maßstab übertragen werden, wo sie, wie die Erfahrung zeigt, zwischen Mensch und Natur genausogut Harmonie und Ausgewogenheit herstellen können.

Bei der Anlage eines Feng-Shui-Gartens ist die Interaktion der Fünf Elemente für die Harmonie von entscheidender Bedeutung, besonders wenn äußere Einflüsse sein *Chi* bedrohen könnten. Wenn Sie Gegenmaßnahmen ergreifen möchten, müssen Sie zuerst die Himmelsrichtung Ihres Grundstücks ermitteln und dann ein kontrollierendes Element einführen. Mit folgendem Element werden die Himmelsrichtungen jeweils assoziiert:

> Norden: Wasser
> Süden: Feuer
> Osten: Holz
> Westen: Metall
> Mitte: Erde

Als nächstes müssen wir in der Feng-Shui-Tabelle nachschlagen, der wir die geeigneten kontrollierenden Elemente für jedes schädliche Merkmal entnehmen können. Sie wurde vor vielen Jahrhunderten als Wegweiser zur symbolischen Bedeutung von Bergen unterschiedlicher Gestalt erstellt – ein unregelmäßig geformter Berg steht für Wasser, ein spitzer für Feuer, ein zylindrisch geformter für Holz, ein kuppelförmiger für Metall und ein Tafelberg für Erde – aber hier wurde sie angeglichen, damit auch die Gebäude darunterfallen, die heute in einem westlichen Stadtbild vermutlich am häufigsten anzutreffen sind.

AUSRICHTUNG DES GARTENS	
Bedrohendes Element	kontrollierendes Element
Feuer	Wasser
(Türme)	(Teich, Springbrunnen)
Holz	Metall
(Pfähle, Bäume)	(Skulpturen, Rahmen)
Erde	Holz
(Hügel, Hütten)	(Pflanzen, Sommerhäuschen)
Metall	Feuer
(Eisenkonstruktionen)	(rote Blumen)
Wasser	Erde
(Drähte, Masten)	(Gartenzierat)

Wenn Sie die Himmelsrichtung Ihres Gartens und das ihm zugeordnete Element ermittelt haben, können Sie mit Hilfe der Tabelle eine Barriere gegen jedes bedrohliche Element auf der Straße oder einem angrenzenden Grundstück errichten. Wenn also ein Element als METALL klassifiziert wurde, das in einem Garten steht, der in eine HOLZ-Himmelsrichtung zeigt, besteht die Gefahr, daß *Chi* »vergeudet« wird, und Sie sollten das kontrollierende Element Wasser einführen. Vereinfacht ausgedrückt: Steht ein Laternenpfahl oder Strommast außerhalb eines Hauses mit einem nach Norden ausgerichteten Garten, kann dies dem Wachstum der Pflanzen schaden und sollte wirkungsvoll durch einen kleinen Zierteich (Wasser) oder ein Beet mit roten Blumen in Schranken gehalten werden (Feuer).

Natürlich kann es vorkommen, daß ein nach Süden liegender Garten von solchen Strukturen überragt wird. Wenn sich die passenden Elemente aber miteinander vertragen, sind keine Gegenmaßnahmen erforderlich. Nur wenn ein Laternenpfahl oder Mast in einer Linie mit der Eingangstür steht, wäre eine Gegenmaßnahme in Form eines geschwungenen Weges zur Tür hin notwendig, damit das *Chi* ungehindert ins Haus und in den Garten fließen kann.

Wenn Sie Ihr Grundstück gegen äußere Störungen abgesichert haben, kommen wir jetzt aber zu der aufregenderen und befriedigenderen Aufgabe, nämlich zur Planung und Anlage eines Feng-Shui-Gartens. Auch hier gehen die Ideen auf uralte Traditionen zurück, können aber ohne weiteres an heutige Verhältnisse angepaßt und erfolgreich umgesetzt werden.

3. Die Planung eines Feng-Shui-Gartens

Zwei berühmte Geschöpfe der chinesischen Mythologie spielen eine wichtige Rolle beim Entwurf eines Gartens, will man dessen Kräfte und Vorteile nutzen. Diese beiden, der Drache und der Phönix, werden zusammen mit dem Tiger, der Schildkröte und der Schlange als »Fünf Tiere« bezeichnet. Jedes hat seinen eigenen symbolischen Wert und Anwendungsbereich für jeweils unterschiedliche Teile des Gartens.

Die Chinesen glauben, daß nach Süden weisende Gebäude das beste Feng Shui haben, weil diese Himmelsrichtung Wärme und Güte symbolisiert, und dasselbe gilt automatisch auch für Gärten. Deshalb wurden vier der Fünf Tiere jeweils einer Haupthimmelsrichtung des Kompasses zugeordnet, deren Mittelpunkt das fünfte Tier, die Schlange, bildet. Im Feng Shui werden ihre Symbolkraft und die Himmelsrichtungen, mit denen man sie assoziiert, wie folgt zusammengefaßt:

Drache Ost *(Wen)*
Farbe: Azurblau
Element: Holz
Den ältesten östlichen Traditionen zufolge verkörpert der Drache den Frühling. Er ist in unserer Welt niemals sichtbar und hält sich angeblich direkt über den Wolken versteckt, von wo aus er alles sieht und beobachtet, was unter ihm geschieht. Dieses Wesen repräsentiert Voraussicht und Stabilität und symbolisiert auch menschliche Weisheit in ihrer spirituellsten Form. Der Drache steht typischerweise für Schutz, Wohlwollen, Kultur, Höflichkeit und Glück. (Laut Feng Shui sollte der Drache sich immer linker Hand von etwas befinden, und bis heute reden viele Chinesen von ihrer linken Seite als der »Drachen-Seite«.)

Phönix Süden *(Feng Huang)*
Farbe: Rot
Element: Feuer
Der Phönix ist der mythische Vogel der Antike, der angeblich niemals stirbt. Man bringt ihn mit dem Sommer in Verbindung, und er hat die Fähigkeit, in die Zukunft zu blicken. Auch liefert er Informationen über die Umgebung und ist ein Glücksbringer. Dieser wunderschöne Vogel steht typischerweise für Glück, Hoffnung, Freude, Ruhm und Reichtum. Gemäß der Legende hockt der Phönix im berühmten Wutung-Baum (dem Platanenblättrigen Stinkbaum, *Firmiana simplex*) – deshalb steht dieser Zierbaum in vielen chinesischen Gärten. Anläßlich des Herbstfestes gibt es Mondkuchen, die seinen eßbaren Samen enthalten. (Auf sehr alten Feng-Shui-Diagrammen ist der Phönix manchmal als Pfau, Fasan oder junger Hahn dargestellt.)

Tiger Westen *(Wu)*
Farbe: Weiß
Element: Metall
Der großartige weiße Tiger ist das Tier des Herbstes und steht für Stärke. Er soll immer auf der Hut vor von außen drohender Gefahr sein und besitzt die Kraft, sowohl anzugreifen als auch zu verteidigen. Nach Ansicht einiger Feng-Shui-Kapazitäten warnt uns dieses Tier, obwohl es in erster Linie für das Überleben steht, auch persönlich vor der Gewalt, die in uns allen schlummert. Der Tiger ist Sinnbild für Kraft, Wut, Gefahr, Geschwindigkeit und Unberechenbarkeit.

Schildkröte Norden *(Yuan Wu)*
Farbe: Schwarz
Element: Wasser
Die Schildkröte wird zwar als Tier des Winters dargestellt, doch mit ihrem dicken Panzer und ihrer augenscheinlichen Selbstgenügsamkeit repräsentiert sie Sicherheit und befindet sich daher immer hinter den anderen Tieren. Mit ihrem Panzer symbolisiert sie Schutz vor Angriffen für alle Bewohner eines Grundstücks. Die Schildkröte verkörpert das Fürsorgliche, Nährende, das Geheimnisvolle, verborgene Tiefen und Schlaf. (Statt der Schildkröte findet man in der Symbolik des Feng Shui ab und zu auch eine Riesenschildkröte.)

Schlange Mitte *(Jung)*
Farbe: Braun
Element: Erde
Die Schlange entspricht keiner Kompaßhimmelsrichtung, hat aber eine ganz wichtige Position inne, denn um diese Achse drehen sich die anderen Geschöpfe und die Jahreszeiten. In der Farbgebung der Erde angepaßt, auf der sie lebt, liegt die Schlange zusammengerollt und immer auf der Hut, bereit, Informationen zu empfangen, die Drache, Phönix, Tiger und Schildkröte zusammentragen. Mit Hilfe dieser Informationen unternimmt sie, wenn nötig, etwas zur Erhaltung der Harmonie der Umgebung. Die Schlange steht für Stabilität, Geduld, Handlungswillen, Durchsetzungsvermögen und Weisheit.

Dies sind die ersten Überlegungen, die man laut Feng Shui bei jedem Garten anstellen sollte, damit er das notwendige *Chi* auf dem Grundstück zirkulieren läßt und sich dadurch Wohlbefinden für die Bewohner und blühende Vegetation einstellen.

In früherer Zeit konnte man in China praktisch überall ein Haus bauen, was bedeutete, daß es immer Südlage haben konnte. In der heutigen westlichen Welt – besonders in Städten und Ballungszentren – ist es jedoch viel schwieriger, ein Grundstück in solch einer Lage zu finden. Aber verzweifeln Sie nicht, denn Feng Shui glaubt, daß das lebenswichtige *Chi* überall strömen kann, sofern jede Seite eines Gartens auf der richtigen »Tier«seite liegt. Jiang Ping Jie, ein Feng-Shui-*Xiansheng* und eifriger Gärtner aus Singapur, gibt folgenden Rat, der Ihnen da weiterhilft:

Ganz entscheidend ist es herauszufinden, welches die Schildkrötenseite Ihres Gartens ist. Ob diese sich dann im vorderen oder rückwärtigen Garten befindet, hängt im Grunde von den Mauern Ihres Hauses ab. Der Phönix-Aspekt befindet sich immer am weitesten vom Haus entfernt (egal ob es sich dabei um das südliche Ende handelt oder nicht). Wenn Sie sich also den Feng-Shui-Plan der Fünf Tiere ansehen (siehe nachfolgende Abbildung), werden Sie merken, daß die Rückwand des Hauses dem größeren Teil des Gartens im rückwärtigen Teil gegenüberliegt. In diesem Fall ist diese Rückwand also die Schildkrötenseite des Hauses und des Gartens.

Wir wollen uns jetzt ein Grundstück mit seinen Tierseiten vorstellen und überlegen, was noch erforderlich ist, damit die Regeln des Feng Shui erfüllt sind.

So sind laut Feng Shui die »Fünf Tiere« in einem Garten plaziert.

Falls das Haus tatsächlich nach Süden liegt, wird der Phönix-Aspekt natürlich idealerweise Glück verheißen. Laut Jiang Ping Jie machen einige Chinesen sogar noch mehr Aufhebens bei der Wahl eines Hauses und suchen nach einem Grundstück, das genau nach Südosten liegt. Sie glauben, ein solcher Platz garantiere ihnen nicht nur Glück durch den mythischen roten Vogel, sondern obendrein Schutz durch den Drachen, der sich an der Ostflanke befindet.

Zwei wichtige Dinge sollten bezüglich des Geländes zwischen Haus und dem am weitesten entfernten Punkt des Gartens beachtet werden. Gemäß Feng Shui sollte es nicht steil abwärts geneigt sein, da es der Phönix dann schwer hat, seine Position beizubehalten; es sollte auch nicht zu eben sein, da dies zur Stagnation des guten *Chi* führen könnte. Ideal ist ein sanft abfallender Hang. Allgemein gilt: Wenn der Garten in gewisser Weise offen wirken und eine erfreuliche Aussicht bieten soll, sollte der Phönix-Bereich des Gartens nicht dicht bepflanzt sein. Kleine Büsche und ein kleiner Kräutergarten (wenn Sie einen solchen anlegen wollen) sind hier am besten geeignet (siehe Kapitel 9).

Die Sonne geht natürlich auf der Drachenseite auf, wenn diese nach Osten liegt. Aus diesem Grund heißt es im Feng Shui, daß Osten ein gutes Energiezentrum und ein idealer Platz für Bäume oder hohe Büsche sei, die Stärke und Schutz symbolisieren. Bäume wie die Kiefer und die Weide sind bei den Chinesen für diesen Gartenteil sehr beliebt, weil sie angeblich das Leben verlängern (auf die Energie der Bäume werde ich in Kapitel 6 noch näher eingehen). Einige chinesische Gärtner legen Wert darauf, eine L-förmige Ecke aus Bäumen zu bilden, die den Drachen-Bereich mit dem Phönix-Bereich verbindet, damit das Feng Shui im gesamten Bereich verstärkt wird. Es wird auch empfohlen, den höchsten Punkt eines Gartens auf die Drachenseite zu legen – das sollten all diejenigen bedenken, die ihr Grundstück landschaftlich gestalten wollen.

Der Tiger bewacht die rechte Seite des Gartens, und diese sollte möglichst eben und tiefliegend angelegt werden. Wenn der Gärtner die Feng-Shui-Regeln befolgt, vermeidet er automatisch alle Erhebungen oder Berge westlich eines Gebäudes, da diese Ursache für Mißgeschick sein könnten. Ein steil abfallender Hang könnte auch die Komposition des Grundstücks stören. Dieser Gartenteil eignet sich am besten für niedrige Büsche und Blumen, und die richtige Kombination solcher Pflanzen wird soviel *Chi* erzeugen, daß der gesamte Bereich dadurch harmonisiert wird. Die vorteilhaftesten Pflanzenarten werde ich in Kapitel 5 erläutern.

Fünf-Tiere-Pflanzenführer	
PHÖNIX	Büsche, Kräuterbeet
DRACHE	Bäume, ausladende Büsche
TIGER	Blumen, niedrige Büsche
SCHILDKRÖTE	kleine immergrüne Pflanzen, Rabattenpflanzen
SCHLANGE	Rasen, kleine winterharte Einjährige

Über die Lage des vierten Bereichs, die Schildkrötenseite, hat Jiang Ping Jie bereits gesprochen. Er sagte mir, jeder Gärtner, der die Schildkrötenmerkmale Sicherheit und Schutz rings um ein Gebäude verstärken wolle, solle die alte Feng-Shui-Vorstellung umsetzen und ein Haus in die Nähe von Hügeln bauen, damit es vor den kalten Nordwinden geschützt sei. Zu diesem Zweck schüttet man den Boden in der Nähe der Rückwand leicht auf und setzt am besten kleine Immergrüne und Rabattenpflanzen.

In der Mitte des Gartens schließlich befindet sich die Schlange. Dieser Bereich sollte nur ganz sparsam bepflanzt werden und am besten eine ovale oder kreisförmige Rasenfläche darstellen. Man kann auch gewundene Kieswege anlegen oder Bodenplatten verlegen, damit das *Chi* ungehindert fließt. Lassen Sie sich nie zu schnurgeraden Wegen hinreißen, denn diese leiten *Sha* und wirken wie Pfeile, die die Harmonie des Gartens stören. Am besten eignen sich für diesen Bereich kleine winterharte Pflanzen.

Feng Shui glaubt, daß gepflasterte Bereiche dazu dienen, Frieden, Ruhe und Kontemplation zu erleichtern, und daher weder zu dicht noch zu weit vom Haus entfernt angelegt werden sollen. Bei zu großer Nähe besteht die Gefahr, daß man von Dingen wie dem Telefon abgelenkt wird; zu weit entfernt bedeutet, daß man jedesmal ins Haus zurücklaufen muß, wenn man etwas braucht. Läßt sich ein gepflasterter Bereich nur dicht beim Haus oder der Wohnung anlegen, sollte er mit geeigneten Pflanzen wie Kletterrosen oder Glyzinen abgeschirmt oder abgetrennt werden, damit daraus ein möglichst abgeschiedenes kleines Refugium entsteht. Wie immer beim Feng Shui ist auch hier das richtige Gleichgewicht oberstes Gebot.

Wenn Sie für solch einen Bereich Pflastersteine, Granitblöcke oder auch alte Steinplatten verwenden, dann lassen Sie dazwischen etwas Platz. Feng Shui besagt, daß ein Muster in *Bagua*-Form (oder Fischgrätmuster, wenn Ihnen das besser gefällt) das *Chi* gut leitet, und dieser Effekt läßt sich verstärken, indem man einige kompakte oder polsterbildende Pflanzen in die Ritzen setzt. Diese helfen außerdem dabei, schlechtes *Sha* abzuwenden. Ein Experte erzählte mir, daß alle Mitglieder der Dianthus-Familie wie Nelken für diesen Zweck gut geeignet seien, desgleichen aromatischer Thymian, der es auch nicht übelnimmt, wenn man darüberläuft oder drauftritt. In größeren gepflasterten Bereichen könnte man auch einige unregelmäßige kleine Vertiefungen hier und da mit guter, reichhaltiger Erde füllen, in die sich kompakte kleine Büsche mit gutem Feng Shui pflanzen lassen, die schön aussehen und auch das *Chi* fördern. Sehr wirkungsvoll auf solchen Terrassen sind polsterbildende Pflanzen, wenn diese ausgewachsen sind und über die Kanten der Platten ringsum wuchern.

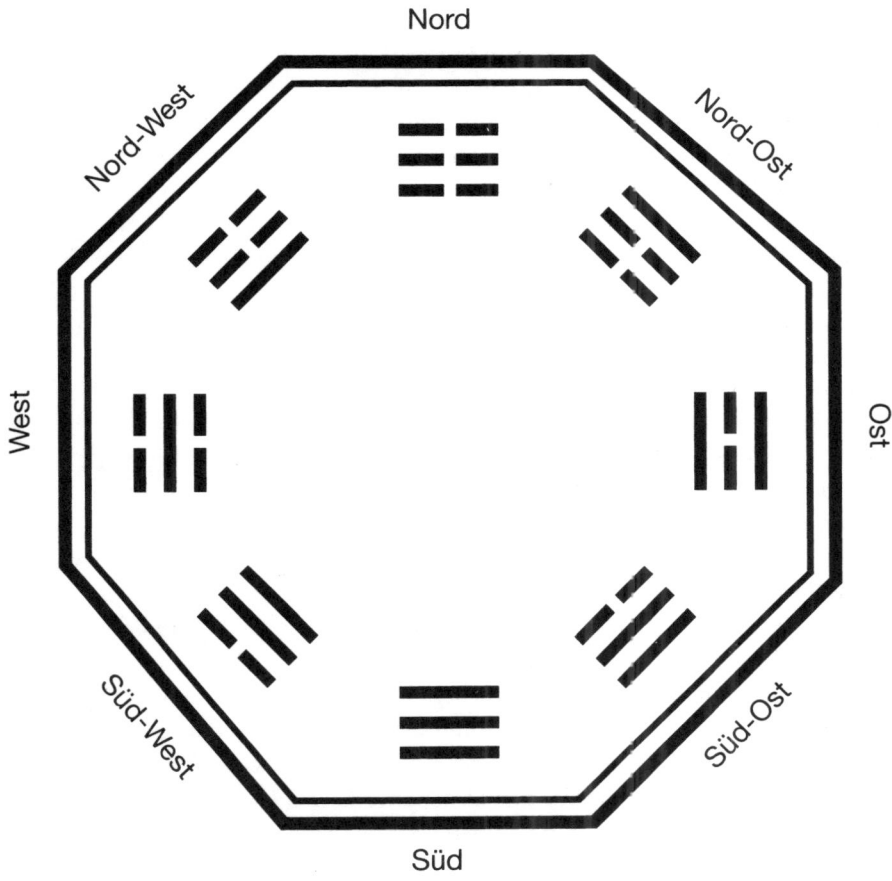

Das Feng-Shui-Bagua

Natürlich gleichen sich zwei Gärten niemals aufs Haar, und das letzte, was Feng Shui befürwortet, ist der Versuch, sie alle gleich aussehen zu lassen. Abwechslung und persönlicher Geschmack werden sehr unterstützt, allerdings immer unter der Voraussetzung, daß man scharfe Kanten und gerade Linien vermeidet. Ein Garten soll nicht nur den Energiefluß fördern, sondern auch für seine Besitzer harmonisch und attraktiv wirken. Die Chinesen behaupten daher seit Jahrhunderten, daß gerade diese Formen eigene Kräfte besitzen, die großen Einfluß ausüben können.

43

Zwischen Haus und Garten sollte immer klar getrennt werden, ganz egal, wie klein sie jeweils sind. Die perfekte Form für ein Haus ist ein vollständiges Rechteck; achten Sie daher immer darauf, wenn Sie einen Anbau, weitere Räume oder einen Wintergarten hinzufügen, daß diese möglichst genau an einer Seite des Rechtecks entlang verlaufen, damit die Form gewahrt bleibt. Ist eine solche Erweiterung bereits vorhanden oder bleibt Ihnen keine andere Wahl, als den Raum freizulassen, so daß eine scharfe Kante oder eine L-Form entsteht, dann stellen Sie in diesem Bereich doch einige *Sha* abwendende Gegenstände wie Topfpflanzen, eine Statue, ein Bäumchen oder auch einen kleinen Springbrunnen auf. Bei den Chinesen waren Ziergegenstände immer beliebt, obgleich es bei der Auswahl von Schalen, Übertöpfen und Kübeln und deren Inhalt ganz entscheidend auf den Stil und das Größenverhältnis zur Umgebung ankommt. Ein paar schlichte, schön gemusterte Stein- oder Kunststeintöpfe, in die Sie nur *eine* Pflanzenart setzen, können den ganzen Garten bereichern und sind viel besser als viele riesige Schalen, die mit kunterbunten Blumen gefüllt sind. Feng Shui haßt Prahlerei, wie ein altes chinesisches Sprichwort beweist: »Schmuck folgt keiner bestimmten Ordnung; es genügt, wenn er zerstreuend wirkt.«

Bei einem rechteckigen Garten sollten Gärtner das Grundstück nicht streng in Beete und Rabatten unterteilen und auch nicht überall etwas anpflanzen. Um einen möglichst natürlichen Anblick zu erzielen, sollten Blumen, Pflanzen und Bäume auf offenen Flächen allesamt zueinander ausgewogen plaziert sein. Bei einem unregelmäßig geformten Grundstück sollte der Hauptbereich des Gartens auf der Drachenseite des Hauses liegen. Vermeiden Sie aber gleichzeitig einen Eingriff, der die Rolle der Schildkröte schwächen und das Haus gegen die Angriffe von schlechtem *Sha* verletzlich machen könnte. Häuser am Ende einer Sackgasse, die oft auf einem dreieckigen Gelände liegen, müssen sich an die Feng-Shui-Prinzipien halten, indem sie zwei völlig voneinander getrennte Gärten anlegen – einen vielleicht als Rasenfläche mit Büschen und den anderen überwiegend mit Blumenbeeten.

Die meisten Gärten in Städten, Großstädten und Vororten sind allerdings schmal und unterschiedlich lang. Tatsächlich kann man dort aber Feng Shui hervorragend umsetzen, denn durch geschickten Einsatz von Pflanzen und Ziergegenständen lassen sich Größe und Form kaschieren, und es entsteht der Eindruck, als hätten Sie eine kleine natürliche Oase mitten im Einzugsbereich geschaffen. Unauffällig plazierte Spiegel für den Außenbereich, die störende Ausblicke ausblenden, lassen einen Garten nicht nur weitläufiger und einladender erscheinen, sondern gehören zu den wirkungsvollsten Feng-Shui-Mitteln überhaupt.

Desweiteren können Sie einen ungewöhnlichen Gegenstand wirkungsvoll in einem schmalen Garten einsetzen, und zwar einen achteckigen Bereich mit Steinen und Pflanzen, der auf dem Feng-Shui-*Bagua* (siehe Seite 43) basiert. Dessen Segmente lassen sich beispielsweise durch ein konzentrisches Außenbeet darstellen, in das Sie nur eine Sorte niedrigwachsender immergrüner Pflanzen setzen. Auch in den Boden eingelassene Steinblöcke oder Ziegel in kreisförmigen Mustern sind empfehlenswert. Und schließlich symbolisiert in der Mitte eine gleichmäßige Aufteilung von zwei Blumenarten in stark kontrastierenden Farben die Idee von *Yin* und *Yang*. Dieses Achteck mit seiner Kombination aus Steinen und Blumen kann das Feng Shui eines Gartens tatsächlich verstärken – aber aufgepaßt: Sie müssen beim Anlegen unbedingt darauf achten, daß jedes Teil des Musters in die richtige Himmelsrichtung zeigt, sonst leiten Sie das *Chi* völlig in die Irre, und es wird *Sha* daraus. Noch ein Tip: Sie könnten an der Ecke Drache-Phönix-Seite eine Trauerweide und in die Mitte des Phönix-Bereichs mehrere Kamelien pflanzen. Die Blumen stellen ein zusätzliches *Yin-Yang*-Element dar, was sich besonders deutlich im Frühling zeigt, wenn sie mit ihren auffälligen Blüten die nahenden Lichttage ankünden.

Auch Hecken spielen nach Feng Shui eine wichtige Rolle im Garten, aber in Form gestutzte Hecken sind nicht gern gesehen, weil sie ihrer natürlichen Form beraubt worden sind. Büsche mit breiten dunkelgrünen Blättern leiten das *Chi* am besten und sollten weder schnurgerade gesetzt werden noch einen allzu strengen Formschnitt erhalten, sondern sich natürlich entfalten dürfen. Eine Hecke kann Privatsphäre schaffen und an einem gewundenen Weg entlang zu unerwarteten erfreulichen Ausblicken und Düften in anderen Teilen des Gartens führen. Die Bedeutung des Blumenduftes im Feng Shui ist ein weiterer, nicht zu unterschätzender Faktor. Die Chinesen glauben nämlich, daß der »Lebensatem« sogar noch viel ungehinderter strömt, wenn er durch bezaubernde Düfte weitergetragen wird.

Legen Sie nicht nur gewundene Pfade an, sondern achten Sie auch auf deren Ausrichtung. Von Westen kommende Wege sollten sich soviel wie möglich krümmen, während von Süden kommende sanfter geschwungen sein dürfen, weil die Chinesen sagen, daß das belebendste *Chi* von Süden kommt.

45

Allerdings hatte Jiang Ping Jie einmal einen Kunden, der in einem nach Norden weisenden Haus lebte. Dort führte ein Weg in den rückwärtigen Teil, der die Energie aus dem Süden mitbrachte. Da der Pfad zu gerade verlief, trug er das *Chi* direkt durch das Gebäude, so daß es allen Bewohnern generell an Vitalität mangelte. All das änderte sich, als der *Xiansheng* in den Pfad einige Windungen integrierte sowie eine Abschirmung aus Bambus aufstellte.

Abschirmungen an Wegen oder zur Ausblendung unansehnlicher Grenzmauern oder -zäune sind tatsächlich sehr nützlich. Genauso stellen Gitterwände und Laubengänge, über die man blühende und früchtetragende Pflanzen ziehen kann, gutes Feng Shui dar. (Laubengänge, die unsere Wahrnehmung von der Größe eines Gartens verändern und uns bezaubernde Erlebnisse schenken können, wenn sich die gesamte Umgebung für einen Augenblick verwandelt, sorgen angeblich auch für ein Gleichgewicht zwischen Garten und Haus.) Alle derartigen Wandelgänge symbolisieren, wie es heißt, ein langes Leben, besonders wenn bei ihrer Konstruktion Bambus verwendet wurde. Bei dem Wort Bambus denkt natürlich jeder sofort an die Chinesen, und selbst im Westen kann man bestimmte Spezies heute mühelos ziehen, so daß sie sich auch im Garten einfacher einsetzen lassen. Wer es einmal mit Bambus versuchen möchte, findet in diesem Buch ein Kapitel über die Stärke und die besonderen Eigenschaften dieser Pflanze.

Wenn Sie lieber eine konventionelle Mauer bevorzugen, tut es eigentlich auch eine wellenförmige Linie aus Ziegeln in gedämpften Farben, sofern die Nachbarn einverstanden sind. Solche Mauern, die aufs Haus zu führen, ziehen angeblich Wohlstand an. Ich habe schon erwähnt, welchen Wert Maueröffnungen wie das *Hau Ch'iang* haben, und im Feng Shui ist auch wichtig, daß eine Mauer rings um ein Haus im richtigen Verhältnis zur Höhe und Breite des Gebäudes steht.

Wasser als eines der grundlegenden Feng-Shui-Elemente nimmt im Garten eine Sonderstellung ein. Die Bäche, die durch Chinas Landschaft flossen, galten als symbolische Wohlstandsbringer, und wenn man sie in den Garten integrierte, leitete man sie normalerweise von Osten aus ein, damit sie den Fluß des Chi unterstützten. Das gilt auch heute noch, obwohl viele von Menschenhand angelegte Wasserelemente wie Bäche oder Teiche auch am südlichen Ende erlaubt sind. Jeder Teich, den Sie anlegen, sollte eine natürliche Form haben und nicht quadratisch oder rechteckig sein. Rings um die Wasserfläche sollten auch geeignete Blumen stehen, und Goldfische im Teich zie-

Die aufgebogenen Dachkanten dieses chinesischen Hauses fördern gutes Feng Shui für das Gebäude und seinen Garten.

hen das Glück an. Alles andere, ein friedlicher Wasserlauf, der die Umgebung widerspiegelt, unter dessen Oberfläche Goldfische hin und her flitzen, ist das Paradebeispiel für Ausgewogenheit und Harmonie.

Die ersten Steingärten in China waren nichts anderes als verkleinerte Reproduktionen der Bergketten, von denen sich die Menschen umgeben sahen und die allen, die in ihrem Schatten lebten, Schutz boten. Diese »Miniaturlandschaften« stehen angeblich für Beständigkeit und sollten im Garten idealerweise nördlich einer Wasserfläche angelegt werden. Die beiden Elemente – Wasser und Stein – sollten möglichst dicht beieinander liegen, weil sie *Yin*- und *Yang*-Qualitäten enthalten. Ein Steingarten steht für die Hügel, die die Quelle des Lebens sind, weil sie den Menschen mit Wasser versorgen. Daher schreibt man ihnen *Yang*-Qualitäten zu. Der Teich mit seinem Wasser ist ein *Yin*-Element und sorgt für die notwendige Harmonie. Falls es in Ihrem Garten nicht genügend Platz für einen Teich und einen Steingarten gibt, könnten Sie in der Teichmitte eine kleine Insel aufschütten und ein passendes

Yang-Element daraufsetzen, beispielsweise eine winzige Laube, einen Modellpavillon oder eine typisch chinesische Pagode. Auf Steingärten und Teiche komme ich noch einmal in Kapitel 8 zu sprechen.

Sommerhäuschen oder Lauben, die mittlerweile in vielen westlichen Gärten ein gewohnter Anblick geworden sind, sind im Grunde nur eine moderne Variante der alten chinesischen Gartenpavillons, wie man sie auf zahlreichen alten Kunstdrucken und Gravuren sieht. Sie wurden wie die eleganten Pagoden, die einst die Landschaft zierten, absichtlich in die Nordost- oder Südwestecken der Gärten gesetzt, um böse Einflüsse abzuwenden, die gemäß der Volksüberlieferung von den »Toren des Teufels« kamen. Heute ist es ihre Aufgabe, schlechtes Sha abzuwenden. Im Feng Shui ist es auch von Bedeutung, wie viele Seiten ein Pavillon hat. Ein quadratisches Gebäude symbolisiert die Stabilität der Erde, während ein fünfseitiges mit den Vorteilen der Fünf Elemente assoziiert wird. Sechsseitige Konstruktionen stehen für Wohlstand, achtseitige weisen auf Reichtum hin.

Abschließend zwei Tips, falls Sie zufällig in einem sehr eckigen Haus wohnen, das das *Chi* beeinträchtigt: Einmal können Sie scharfe Kanten mit einer Kletterpflanze wie Glyzine oder Clematis, die an der Wand hochwächst, abmildern. Viele Gärtner lieben auch die englisch anmutende Vorstellung von Rosen, die üppig an einer Seite des Hauses emporwachsen. Die Chinesen wußten schon vor Jahrhunderten, wie wichtig es ist, den »Lebensatem« über die Dächer ihrer Häuser streichen zu lassen. Deshalb weisen viele chinesische Gebäude Kanten auf, die an den Ecken hochgezogen sind – manchmal wunderschön gestaltet. Mein zweiter Tip – wenn Sie nicht so weit gehen wollen –, lautet: Derselbe wohltuende Effekt läßt sich mit Windspielen erreichen, die Sie an die Ecken des Gebäudes hängen. Dies habe ich tatsächlich in weit voneinander entfernten chinesischen Gemeinden in Singapur, Australien und an der Westküste Amerikas gesehen. Ich vermute, es funktionierte, denn alle Menschen sahen glücklich und energiegeladen aus.

Falls es so etwas wie das Geheimnis des erfolgreichen Feng-Shui-Gartens gibt, dann offenbart es sich vielleicht in den Worten des gelehrten Mönchs Tao Chi, eines Malers und Schriftstellers, der während der Ming-Dynastie (14.–17. Jahrhundert) lebte. Dieser Mann, der sich aus Liebe zum Gartenbau »Mönch der Bittermelone« nannte, schrieb über Ziergärten, die ganz offensichtlich nach Feng-Shui-Regeln angelegt worden waren, und fertigte auch einige Zeichnungen davon an. Er sagte: »Die Lebenskräfte der Landschaft sollten dadurch zum Ausdruck kommen, daß man einige ihrer Teile weit öffnet und andere versteckt oder abschirmt.« Ich finde, an diesen Rat sollten Sie bei der Planung Ihres eigenen Gartens immer denken.

4. Die Bedeutung des Vordereingangs

Es ist merkwürdig, daß sich viele Menschen sehr eingehend mit ihren Gärten hinter dem Haus beschäftigen und die Vorgärten praktisch vernachlässigen. Natürlich sind die Vorgärten in Städten oft sehr klein, aber eigentlich hat es selbst der kleinste unter ihnen nicht verdient, daß dort nur das Auto oder die Mülltonnen abgestellt werden.

Vor vielen hundert Jahren kamen die Chinesen darauf, daß der Vorgarten eines Hauses etwas über die Persönlichkeit der Bewohner verriet. Feng Shui ging noch weiter und behauptete, der Vordereingang eines jeden Gebäudes sei im Grunde sein »Mund« und die Stelle, an der das lebensfördernde *Chi* hereinkomme. Daher legte man besonderes Augenmerk auf die Lage dieser Tür – wie auch auf die Gartenelemente ringsum –, damit die Erdenergien frei fließen konnten.

Gemäß Feng Shui bringt der ungehinderte *Chi*-Fluß im Vorgarten nicht nur den Bewohnern Vorteile, sondern erzeugt eine »Aura«, die eine ganze Menge über dieselben aussagt. Einige Leser werden jetzt sofort das alte Sprichwort zitieren »Man soll nicht nur nach dem Äußeren gehen«, aber wir tun es doch und beurteilen ein Haus bereits nach seiner Vorderfront.

Ich habe auch gehört, daß Vorgärten eine Art Vorzeigefläche seien, aber selbst dann sollten sie nicht nur dem Stil des Hauses, sondern auch dem ganzen Straßenzug Beachtung schenken. Im Feng Shui gab es dazu Grundregeln, und zwar schon lange, bevor es in der westlichen Welt bekannt wurde. Tatsächlich hatte diese uralte Kunst bereits sehr viel von dem vorweggenommen, was Humphrey Repton, einer der großen englischen Landschaftsarchitekten, im 18. Jahrhundert schrieb: daß in allen Gärten »Einheit, Zweckmäßigkeit und Proportion« herrschen sollten. Im wesentlichen ist damit gemeint, daß ein Vorgarten ein durchgängiges Thema haben sollte, die unterschiedlichen Elemente zueinander im richtigen Verhältnis stehen sollten und er – die vielleicht wichtigste Prämisse – seinem Zweck gerecht werden sollte. Ob es sich nun um ein

Der Vorgarten eines Hauses ist laut Feng Shui ganz besonders wichtig. Achten Sie auf den Standort des Baumes, der schlechtes Sha von der Eingangstür abwenden soll.

weitläufiges Grundstück oder nur um ein paar kostbare Quadratmeter Gartenfläche handelt – dieser Bereich sollte immer *schlicht* gestaltet sein.

Unabhängig davon, ob sich ein Garten in einer Großstadt, Kleinstadt oder in einem Dorf befindet – mit Hilfe von Feng Shui läßt sich sogar aus dem bescheidensten Stückchen Land ein abwechslungsreiches, ansprechendes Grundstück machen, das den Bewohnern Wohlbefinden schenkt. Auch sagt es möglicherweise mehr über Sie und Ihr Zuhause aus als der Farbanstrich Ihrer Wände, Türen und Fenster. Aufgrund ihrer unterschiedlichen Größe fordern alle Gärten den erfahrenen Gärtner wie auch den Anfänger dazu heraus, mit der Planung und Bepflanzung zu experimentieren. Viele Lektionen, die man im vorderen Teil eines Grundstücks im kleinen lernt, lassen sich im rückwärtigen Teil mit mehr Erfahrung wiederholen.

Da man sich im allgemeinen im Vorgarten seltener aufhält, sollte man ihn nach Feng Shui dazu nutzen, um sichtbar Eindruck zu machen und mit dem Geschehen auf der Straße mitzuhalten. Idealerweise sollte er auch das Haus abschirmen. Es hat keinen Sinn, hier den Details zu große Aufmerksamkeit zu schenken oder unauffällige Pflanzen zu setzen – heben Sie sich dies für den Garten hinter dem Haus auf, wo sich alle entspannen und vergnügen können.

Als erstes müssen Sie im Vorgarten natürlich den Weg zur Eingangstür in Angriff nehmen. Auf vielen Grundstücken im Westen neigt man dazu, Auffahrten und Wege schnurgerade von der Straße zur Tür anzulegen. Das ist nicht ideal, da das *Chi* auf dieser geraden Strecke ins Haus hinein- und ebenso schnell durch die Hintertür wieder hinausströmt – falls, wie es oft vorkommt, Hintereingang und Eingangstür auf einer Linie liegen. Ein Pfad, der zur Eingangstür hin schmäler wird, fungiert als Schleuse und konzentriert das *Chi* allzusehr, während ein sich verbreiternder Weg den Energiefluß nur zerstreuen kann. Von dem Franzosen Père Attivet, der China im achtzehnten Jahrhundert bereiste, gibt es eine entzückende Beschreibung, die auf den Punkt bringt, was Feng Shui von Fußwegen hält. »Merkwürdig ist, daß sie niemals gerade verlaufen«, sagt er. »Sie beschreiben hundert Umwege, führen manchmal hinter einer Gruppe Büsche, dann wieder hinter einem Felsbrocken vorbei oder um einen See herum; nichts könnte angenehmer sein. All das führt dazu, daß die Landschaft bezaubernd und erhebend wirkt.«

Nach Feng Shui hat die ideale Auffahrt vor dem Haus annähernd die Form eines Hufeisens – wie die Zeichnung aus dem Notizbuch eines Reisenden des

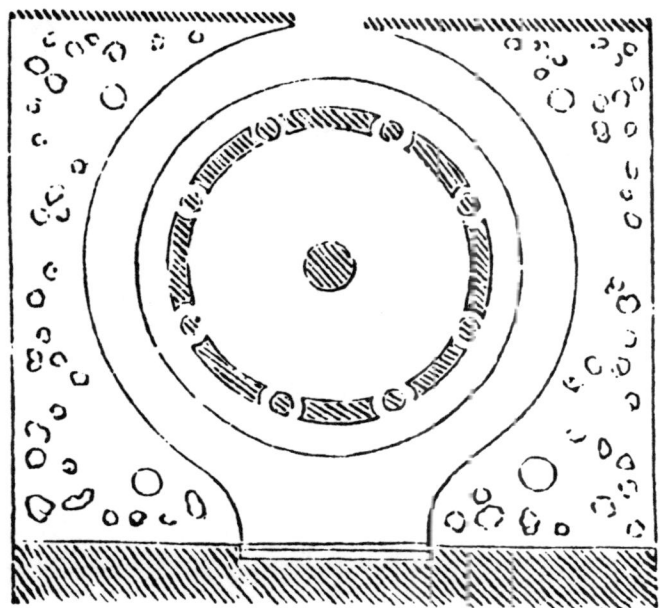

Eine ideale Feng-Shui-Auffahrt (aus dem Reisenotizbuch eines westlichen Besuchers aus dem neunzehnten Jahrhundert) und dieselbe Idee übertragen auf moderne westliche Häuser (Seite 54).

neunzehnten Jahrhunderts zeigt – und beginnt im Südosten des Grundstücks. Wo dies nicht möglich ist, sollte der Pfad von der Straße her in einer Windung einmünden. Wenn er zufällig zur Eingangstür hinunterführt, ist dies ein sehr gutes Omen, denn damit fließen Glück und Wohlstand ins Haus. Andernfalls läßt sich der Vorgang umkehren, indem man an der steilsten Stelle einige Pfosten setzt, die dem *Chi* eine günstigere Verlaufsform vorgeben. Mir hat einmal jemand gesagt, daß eine kleine, auf einem solchen Hang installierte Gartenleuchte genau denselben Zweck erfüllt. Ein Weg, der in Windungen zur Eingangstür hin verläuft, soll in erster Linie ein Gefühl des Willkommenseins vermitteln, wohingegen Auffahrten, die schnurgerade oder am Haus entlang verlaufen, nur dazu führen, daß die Erdenergien daran vorbeifließen und einen nicht sehr einladenden Eindruck machen. Ganz sicher kennen viele Leser so wie ich das Gefühl, das sie überkommt wenn sie gewisse Gebäude betreten, die – unabhängig von ihrem Alter – eine unerklärliche Kälte aus-

strahlen und auf die Stimmung drücken. Die Chinesen sagen, dies sei die Folge von fehlendem *Chi*.

Achten Sie bei der Wahl des Belags für Ihren Weg – Ziegel, Kies, Makadam oder Beton – darauf, nur solche Materialien zu verwenden, die sich mit dem Baustil des Hauses vertragen und außerdem dauerhaft und praktisch sind. In manchen Gärten kann man einen schmalen Streifen Boden an einem gewundenen Pfad in eine hübsche kleine Allee mit Pflanzen verwandeln, die den *Chi*-Fluß fördern, vorausgesetzt es handelt sich um Feng-Shui-Favoriten wie Rosen oder Hortensien.

Wenn Sie experimentierfreudig sind, machen Sie es doch wie die Chinesen, die sich alle möglichen geometrischen Muster aus verschiedenfarbigen Kieselsteinen, Stein-Bruchstücken, ja umgedrehten, hochkant stehenden Dachziegeln ausdenken. Einige legen sogar Steinmuster mit Glückssymbolen wie Vögeln, Blumen und Goldfischen an. Im Garten hinter dem Kaiserpalast in Peking gibt es einen wunderschön geschwungenen Pfad, der zahlreiche Szenen aus der chinesischen Geschichte und sogar einen Mann auf einem der überall gegenwärtigen Fahrräder zeigt.

In manchen Gärten hat der Weg zur Eingangstür möglicherweise Stufen. Solange diese kurvig angelegt sind und geeignete Elemente vorhanden sind, die verhindern, daß das *Chi* wegfließt, schadet das nicht. Viele Gärtner im Westen legen aber mit Vorliebe Steinbrocken entlang solcher Wege. Diese sehen zwar ganz attraktiv aus, stellen aber schlechtes Feng Shui dar, weil sie den »Mund« des Hauses blockieren und einen gleichmäßigen Energiefluß verhindern. Besser ist ein weiches Stück Gras zu beiden Seiten der Stufen. Das Feng Shui der Stufen selbst läßt sich verbessern, indem man entsprechend geeignete Pflanzbehälter mit Blumen an den oberen oder unteren Treppenabsatz stellt. Die Pflanzen sollten alle die gleiche Farbe haben. Man kann sie je nach Jahreszeit durch andere ersetzen. Besonders empfehlenswerte Arten sind Chrysanthemen und Nelken.

Ob Ihre Eingangstür ein Vordach hat oder direkt auf den Weg mündet – vermeiden Sie unnötige Hindernisse. Verstellen Sie den »Mund« niemals mit Vorratskisten, Holzstößen oder gar Mülltonnen, denn diese schaden dem *Chi*-Fluß. Alle dicht bei der Tür stehenden Pflanzen sollten Sie rund schneiden (hier empfiehlt sich eine gestutzte Buchsbaumkugel (*Buxus ssp.*) als Gegengewicht zu den vertikalen Linien des Gebäudes).

Bei der Wahl der Pflanzen für den Vorgarten lautet die allgemeine Regel einstimmig »bunt gemischt und zueinander passend« – aber beschränken Sie sich lieber auf zwei oder drei Farben, und vermeiden Sie komplizierte Pflanzpläne, denn dadurch wirkt der Bereich schnell zu unruhig und gekünstelt. Die alten Chinesen wußten um den Wert der Schlichtheit und entschieden sich überall da, wo sie besondere Akzente setzen wollten, für kleine Töpfe oder Skulpturen.

Harmonie ist auch das Schlüsselwort bei der Farbauswahl für die Pflanzen im Vorgarten, damit sie sich nicht mit den Farben des Hauses »beißen« und schlechtes *Sha* erzeugen. Ein Experte erzählte mir, das Geheimnis, wie diese Harmonie zu erreichen sei, bestehe darin, Pflanzen genau wie Stoffe und Möbel für die Innenräume auszusuchen.

Ganz zweifellos eignen sich Kübelpflanzen ideal für einen kleinen Vorgarten. Es ist erwiesen, daß schon die Chinesen vor Jahrhunderten dieselben irdenen Töpfe verwendeten, die wir heute rings um die Häuser im Westen sehen. Ganze Bücher wurden darüber geschrieben, auf welch mannigfaltige Weise sich Behälter und Pflanzen kombinieren lassen, um den Garten aufzuwerten, aber es sollten ein paar Fingerzeige aus der Erfahrung einiger Feng-Shui-Gärtner genügen, um den Leser zu eigenen Experimenten zu ermutigen.

Der große Vorteil von Pflanzbehältern im kleinen Garten ist, daß sie das Wachstum der Pflanzen in Schranken halten und verhindern, daß diese sich überall ausbreiten. Man kann sie auch beliebig verrücken und dem Garten, wenn man das will, fast jede Woche ein anderes Aussehen verleihen. Betrachten Sie den Garten immer von der Straße aus, nicht, wenn Sie mittendrin stehen, denn manchmal können ganz kleine Veränderungen die drastischsten Effekte haben, wenn man sie aus der Perspektive eines Passanten sieht.

Achten Sie auch auf die Form der Töpfe sowie deren Farbe und die Pflanzenkombination – vergessen Sie dabei aber das Gesamtbild nicht, damit alles ausgewogen wirkt. Verwenden Sie Pflanzen unterschiedlicher Höhe und Form und kombinieren Sie sie mit verschiedenen Töpfen – es macht sehr viel Spaß, nach dem optimalen Effekt zu suchen. Sie können selbst in das langweiligste Stück Garten eine ganz neue Dimension bringen. Stadt-Gärtnern empfehle ich ausdrücklich größere, schwerere Töpfe, da sie nicht so leicht gestohlen werden können. Trotzdem sollten Sie die wertvollsten »an die Kette« legen.

Ideal für den Vorgarten eignen sich glasierte und unglasierte Töpfe aus China und dem Fernen Osten, die jetzt auch im Westen fast überall erhältlich sind. Es gibt sie in allen möglichen Farbschattierungen, auch dunkelblau, sepia und grün, die sich mit den meisten Farbplänen kombinieren lassen. Gut wäre es – falls Sie mehrere Behälter in dieser Weise verwenden wollen –, sie alle gleichzeitig zu kaufen, damit eine einheitliche Farbgebung gewahrt ist.

Immergrüne Pflanzen sind in jedem Vorgarten unentbehrlich, nicht nur aufgrund ihrer charakteristischen Formen und der Tatsache, daß sie das ganze Jahr über schön aussehen, sondern auch deshalb, weil die robusteren Sorten gegen Abgase resistent sind, die in einem Stadtgarten mitunter ein Problem sein können. »Trauernde« Bäume, das heißt solche mit herabhängenden Ästen, stellen gutes Feng Shui dar. Vergessen Sie auch nicht die Zierbambusarten (besonders den auffälligen Schwarzrohrbambus), die eine besondere Rolle spielen, wie ich noch in Kapitel 7 erklären werde.

Haben Sie schon überlegt, ein Vogelbad oder einen kleinen Springbrunnen in den Vorgarten zu integrieren? Besonders ein Vogelbad kann Glück *und* Kleinlebewesen anlocken, und mit beiden kann man das *Chi* von allen unheilvollen geraden Linien abwenden. Ich weiß von mehreren Fällen, wo Hausbesitzern von Experten geraten wurde, diese kleinen Wasserelemente mitten auf einem geraden Weg zu installieren. Dazu mußten sie den Pfad verbreitern, so daß er um diese Elemente herumführte und dadurch Biegungen entstanden.

Ursprünglich bevorzugten Feng-Shui-Gärtner weniger formale Vorgärten und ließen Pflanzen und Bäume dort ungehinderter wachsen. Allerdings richteten sie es immer so ein, daß ein unverstellter, gewundener Weg zum Haus führte, der der lebenswichtigen Energie den Eintritt ins Haus ermöglichte. In sehr kleinen Stadtgärten läßt sich dieser Effekt wahrscheinlich nicht steigern, vielleicht aber in einem größeren Vorstadtgarten. Das Ergebnis könnte ein Vorgarten sein, der nicht nur das Haus abgeschiedener wirken läßt, sondern auch schalldämmende Wirkung hat, da er die Bewohner vom Straßenlärm abschirmt. Solch ein Fleckchen kann wie ein ländliches Refugium wirken und wird Kleinlebewesen anlocken, aber es bedeutet die Arbeit mehrerer Jahre, um ihn anzulegen. Sie müssen auch besonders darauf achten, daß sein gewollt natürliches Aussehen nicht den *Chi*-Fluß behindert.

Zum Schluß noch eine Anregung. Wenn Ihr Vorgarten so winzig ist, daß wirklich nur ein paar Topfblumen dort Platz haben, können Sie diese im Lauf der Jahreszeiten regelmäßig austauschen und sich so an Blüten und Aromen erfreuen, wie es sie sonst nur in einem viel größeren Garten gibt. Damit kommen sie ebenfalls in den Genuß der förderlichsten Erdenergien. Dasselbe gilt auch für den schlichten Blumenkasten auf dem Fensterbrett.

5. Die duftende Macht der Blüten

Vor zweihundert Jahren kamen die ersten westlichen Reisenden mit atemberaubenden Berichten über eine – wie sie es bezeichneten – »Welt voll wunderbarer Blüten« aus China zurück. Diese Menschen – hauptsächlich europäische Missionare und Kaufleute, die sich über die Küstenhäfen hinausgewagt hatten – staunten beim Anblick der prächtigen Päonien, Chrysanthemen, Lilien, Astern, Magnolien, Glyzinen, Kamelien, Hortensien, Azaleen, Passionsblumen und Rosen. Es verwirrte sie, daß die Blüten offensichtlich kultiviert wurden, aber auf eine Art, die völlig informell, ja zufällig wirkte. »Der Leitgedanke bei den chinesischen Gärten scheint der zu sein, die Natur zu verkörpern«, schrieb ein kluger französischer Jesuitenpater im siebzehnten Jahrhundert, »um sie in ihren verschiedenen Stimmungen mit gebührendem Gespür für Proportionen abzubilden. Die Liebe der Chinesen zu Blüten und Bäumen zeugt von ihrer Liebe zur Schönheit.«

Es sollte aber noch einige Jahre dauern, bis andere Besucher erfuhren, daß die Blumenzucht in China – dem »Blütenreichen Land«, als das es bekannt wurde – strengen Feng-Shui-Regeln unterworfen war. Allerdings entdeckten sie, daß die Chinesen bei dem Begriff »Garten« differenzieren, während wir im Westen darunter Parkanlagen aller Art verstehen. Ein *Hua Yuan* oder Blumengarten muß beispielsweise eine Mauer haben und gilt als wichtiger Ort; ein *Hua p'u* hingegen ist ein Platz, an dem Blütenpflanzen in Gruppen über den ganzen Garten verteilt wachsen. (In dem Roman *Hung Lou Meng*, dessen Übersetzung ins Englische den Titel *Dream of the Red Chamber* trägt, wird übrigens ein chinesischer Blumengarten anschaulich beschrieben.)

Die Leidenschaft der Chinesen für Blumen erstaunt eigentlich nicht, wenn man bedenkt, daß China eine der blumenreichsten Gegenden der Welt ist. Seit Urzeiten besitzt dieses Land eine außergewöhnlich üppige und vielfältige Flora, die ihresgleichen sucht und von Botanikern immer wieder und mit großem Erfolg in alle Länder der Welt eingeführt wurde. Der Grund für diesen Pflanzenreichtum wird einer Kombination einzigartiger geographischer Zufälle zugeschrieben. Die Bergregionen Chinas blieben von den Zerstörungen durch die gewaltigen Eismassen verschont, so daß sich viele Pflanzenarten hier weiterentwickeln konnten, während sie in weiten Teilen Europas und Nordamerikas verschwanden. Später vermischten sich im warmen, gemäßigten Klima des Landes drei verschiedene Arten von Flora – die des subtropischen Südens, des kalten, trockeneren Nordens und die alpinen Arten der Himalaya-Ausläufer – und breiteten sich ungehindert jahrtausendelang aus.

Der große Philosoph Konfuzius (551–479 v. Chr.) forderte, jeder habe die Pflicht, ein öffentliches Amt zu bekleiden. Viele Chinesen empfanden diese Pflicht jedoch als unangenehm und langweilig und wandten sich dem Taoismus zu, der genau die gegenteilige Ansicht vertrat. Die Folge war allenthalben ein Aufbegehren gegen den Staatsdienst, und unter Aristokraten und Intellektuellen kam die Bewegung auf, Gärten anzulegen und Blumen zu züchten. Sie glaubten, dies bringe sie in Harmonie mit der Natur und bewahre sie vor den Auswirkungen des Bösen und den Mißgeschicken des Lebens. Seit jeher wurde es auch für notwendig erachtet, daß ein gebildeter Mann sieben Künste, darunter die Blumenzucht, beherrschen müsse. Im Taoismus soll eine der Freuden des Paradieses die angenehme Gesellschaft der Acht Unsterblichen sein. Jedes dieser Wesen repräsentiert ein Gewerbe und wird mit einem Emblem bezeichnet, einem Blumenkorb, das den Gärtner symbolisiert. Diese Symbole sieht man auch heute noch überall in der chinesischen Kunst.

Einige der allerersten Blumengärten Chinas wurden offenbar von Kriegsherren angelegt, damit sich die Frauen daran ergötzen konnten, während ihre Männer im Krieg waren. Von dem berühmtesten Beispiel erzählt die Geschichte des Kaisers Genso, der sich in eine wunderschöne, launenhafte junge Dame namens Yokiki verliebte. Seine Bewunderung war so groß, daß er jede ihrer ausgefallenen Launen sofort erfüllte. Er veranlaßte beispielsweise, daß der Balkon des Königspalastes, über den sie sich lehnte, um die Blumen im Garten darunter zu bewundern, aus den seltensten duftenden Hölzern gezimmert wurde; und die Trittsteine überall im Garten bestreute er so dicht mit Lotusblüten, daß ihre Füße niemals den Boden berührten. Tragischerweise trieb eine ihrer Forderungen die Diener des Kaisers an den Rand des Wahnsinns: sie rebellierten und töteten Yokiki und führten das Ende ihres Herrn herbei.

Ein Holzschnitt von Lin Ching aus dem neunzehnten Jahrhundert, der einen Päonien-garten zeigt. Beachten Sie das Gitterwerk im Hintergrund und die Verwendung von Steinen in den Blumenbeeten.

Lange bevor Kaiser Genso seinen Garten anlegte, galt im Feng Shui bereits, daß bestimmte Blumen eine mystische Bedeutung hatten. Die Pflaumenblüte beispielsweise war angeblich das Emblem des Frühlings; der Lotus verkörperte den Sommer und die Chrysantheme den Herbst. Eine Zeitlang galt der Lotus als die »Blume der Blumen«, wurde später aber aus Gründen, auf die ich noch zu sprechen kommen werde, durch die Päonie ersetzt. Diese hübsche Blüte fand daraufhin als Staude und Baumpäonie unter der Bezeichnung »König der Blumen« in chinesischen Blumenhandbüchern wie dem legendären *Mi Fu Hua Ching* Erwähnung.

Gemäß Feng Shui haben Blumen ihre ganz eigene Symbolik. Pflaumenblüten repräsentieren beispielsweise Schönheit und Jugend, während Bambus für ein langes Leben steht. Alle Pflanzen und Bäume lassen sich außerdem entweder als *Yin* oder *Yang* klassifizieren. Pflanzen mit angeblich sehr starkem *Yang*-Element sind:

Bambus
Kirsche
Chrysantheme
Orchidee
Päonie
Weide

Pflanzen mit starkem *Yin*-Element sind:

Aprikose
Jasmin
Magnolie
Pfirsich
Rhododendron
Rose

Im Feng Shui ist vielleicht sogar der Duft der Blumen von größerer Bedeutung. Je duftender die Blüte, desto mehr Kraft haben die Blumen, um für Harmonie im Garten zu sorgen, und desto größer ist ihre Fähigkeit, das Leben all derer, die in Kontakt mit ihnen kommen, zu bereichern. Nach jahrelangen Forschungen kamen die Experten überein, daß das *Chi* am besten in Gesellschaft angenehmer Blütendüfte fließt, während unangenehm riechende Blumen die Entstehung von *Sha* fördern. Die vermutlich früheste und immer noch weithin gültige chinesische Liste Feng-Shui-erprobter einheimischer Blumen und Blüten liest sich so:

Geißblatt
Jasmin
Flieder
Lilien
Lotus
Nelken
Rosen
Glyzine

Obgleich sich um China viele Jahrhunderte lang Mythen und Legenden rankten, haben die Reiseberichte westlicher Besucher in Verbindung mit den gelehrten Studien der alten chinesischen Bücher und Dokumente über die Geschichte seiner Gartenbaukunst gezeigt, welch ein Blumenparadies das Land lange Zeit gewesen war.

Der amerikanische Forschungsreisende und Pflanzensammler J.F. Rock 1926 schrieb in seiner Beschreibung einer chinesischen Provinz in der Zeitschrift *The Horticulturist* folgendes: »In meinem ganzen Leben habe ich noch nie eine so großartige Szenerie gesehen. Wenn der Verfasser der Genesis die Provinz Tebbu gesehen hätte, hätte er dorthin den Geburtsort von Adam und Eva verlegt, denn außer einer unendlichen Vielfalt von Blumen gibt es dort sogar Apfelbäume, die dreißig bis vierzig Fuß hoch sind, doch die Äpfel sehen nicht so aus, als ob sie Eva in Versuchung hätten führen können.«

Der englische Schriftsteller Sir Osbert Sitwell, der China zehn Jahre später bereiste, beschrieb in seinem Werk *Penny Foolish* (1935) die Einstellung der Nation gegenüber Blumen sogar noch scharfsinniger. Er würdigte, daß sich die Haltung der Chinesen von der der Europäer grundlegend unterschied, und hatte das Gefühl, daß hier Feng Shui im Spiel war – obwohl er von dieser alten Kunst so wenig verstand, daß er seine Gefühle kaum in Worte fassen konnte:

»Die Päonien, die anmutig auf den eigens für sie angelegten Terrassen wippen, erreichen eine Perfektion, von der man bis heute nur träumen kann, besonders die Baumpäonien. Es gibt sie in allen Farbnuancen, von Lotusrosa bis zu einem so tiefen Purpur, daß es als schwarz gilt. Hier und da hat man die Knospen abgeschnitten, und das ganze Baumwachstum ist von einer großartigen Kunst inspiriert, wohingegen der Betrachter es von den Terrassen aus tausend verschiedenen Blickwinkeln wahrnehmen kann; denn das gehört zur chinesischen Gartenbautheorie.

Einen blühenden Baum muß man sich also von oben, von unten und von der Seite ansehen, und zu diesem Zweck werden diese Miniaturberge aus Steinen konstruiert, die in Zeiten, wo der Baum nicht blüht, so sinnlos wirken. Aber welcher Betrachter kann jemals einen blühenden Kirschbaum vergessen, wenn er ihn aus dieser ungewöhnlichen Höhe gesehen hat? Denn er offenbart einen Blick auf ein Insektenleben, das man vorher nur am tiefen Summen, das ihn erfüllte, erraten konnte. Da die Blüten der Sonne zugewandt sind, kann man von oben das Kommen und Gehen, das nicht endenwollende Hin und Her der Bienen und das Flattern der Schmetterlinge beobachten.

Auch die Zucht der Glyzinen hat in China einen hierzulande unbekannten Grad der Vorzüglichkeit erreicht, und die Blüte wird auf unterschiedlichste und originelle Arten behandelt. Manchmal führt man eine alte Rebe durch ein Gitter, so daß jeder hängende Kopf von einem Quadrat eingerahmt ist; manchmal werden die sich windenden Äste eines kräftigen Baumes von Holzstützen getragen, die aussehen, als seien sie aus Korallen gefertigt, oder man läßt sie sich über einen flachen Teich winden, der sie besser widerspiegelt. Und in diesen Lustgärten findet man natürliche Steine in höchster Vollendung, die in einem chinesischen Garten oft den Platz von Statuen oder ähnlichen Objekten einnehmen.«

Einem oder zwei der ersten westlichen Reisenden fiel auf, daß in China gewisse Blumen in Gärten traditionsgemäß zum Gedenken an verstorbene Verwandte gepflanzt wurden. Schon seit Menschengedenken verehren die Chinesen ihre Toten, denn sie glauben, daß die Geister der Verstorbenen besänftigt und daran gehindert werden konnten, die Orte, an denen sie zu Lebzeiten besonders glücklich waren – zum Beispiel einen Garten –, zu stören, indem man an einem kleinen Fleck ihre Lieblingspflanzen oder -blumen setzte.

Feng Shui, das beim Anlegen von Friedhöfen und Gräbern lange Zeit eine bedeutende Rolle spielte, schrieb auch die Positionierung von mit dem Toten assoziierten Blumen in jenem Teil des Gartens vor, wo diese sich am liebsten aufgehalten hatten; auf diese Weise, so meinte man, werde sich im gesamten Bereich Harmonie einstellen.

Der Anblick und der Duft der Blumen war eine allgegenwärtige Erinnerung an die Verblichenen und sorgte zugleich dafür, daß das *Chi* ungehindert fließen konnte. In einigen Teilen Chinas werden noch immer die Blumen solcher Pflanzen am Todestag des Verstorbenen gepflückt, und man schenkt den Angehörigen zum Gedenken eine einzelne Blüte. Alle, die ihre Gärten lieben und vielleicht davon träumen, dort in vertrauter Umgebung endlich Frieden zu finden, werden diese Tradition als sehr hoffnungsvoll und ansprechend empfinden.

Statistisch gesehen ist interessant, daß John Reinhold Forster in seinem großartigen, 1771 erschienenen Werk *Florula Sinensis* lediglich 260 chinesische Pflanzenarten aufführte. Heute sind es ungefähr 20 000 – seit Anfang des Jahrhunderts wurden beispielsweise 500 neue Spezies des chinesischen Rhododenron entdeckt und katalogisiert. Man kann mit Fug und Recht behaupten, daß wir viele der bei uns so beliebten Blumen Ablegern verdanken, die aus dem Land hinter dem sagenhaften »Bambusvorhang« stammen. *Chrysanthemum sinensis* beispielsweise, der Vorfahr all unserer Chrysanthemen, gelangte erst 1680 durch die Holländer nach Europa, die sie als erste dort einführten. Heute gibt es wohl kaum noch einen Garten, in dem nicht die eine oder andere Varietät steht.

In fast allen Gärten der westlichen Welt wachsen Rosen, und für mich ist es immer eine Überraschung zu erfahren, daß diese so beliebte, wunderschöne Blume, von der viele der erlesensten Arten aus China stammen, dort gar nicht so favorisiert wird. Denn obwohl die Rose immer sehr geschätzt wurde, gilt die Aufmerksamkeit nicht ihr, sondern vielmehr der Päonie, dem Lotus, den Chrysanthemen oder Pflaumenblüten.

Wahrscheinlich züchteten die Chinesen bereits 2700 v. Chr. Rosen in Gärten, lange bevor die minoischen Künstler sie aus Gold fertigten oder damit die Wände ihrer kretischen Paläste bemalten.

Ganz sicher erlebten die Rosen während des 4. und 5. Jahrhunderts v. Chr. eine »Blütezeit« in den Kaiserlichen Palastgärten Pekings, denn Konfuzius berichtete, daß die Bibliothek des Kaisers nahezu 600 Bücher über Päonien, Lotus, Chrysanthemen und Rhododendren enthielt; ein ganz besonderes Buch über Chrysanthemen, verfaßt von einem gewissen Liu Ming zu jener Zeit, da William der Eroberer in Britannien einfiel, unterteilte die Pflanze nicht nur in 35 Varietäten, sondern gab auch genaue Anweisungen, wie sie zu züchten und auf alle möglichen Arten zu verwenden sei, angefangen bei der Dekoration bis hin zur medizinischen Verwendung, ja sogar ihrem Einsatz in der Küche.

Im Feng Shui gilt die Rose als außergewöhnliche Pflanze, die die Erdenergien gut leitet. Die getrockneten Blütenblätter der Blumen schützen angeblich vor bösen Geistern, und die herrschenden Klassen Chinas entdeckten als erste, wie wohltuend es war, sich mit Rosenattar zu parfümieren. Doch erst im achtzehnten Jahrhundert gelangte die Rose über Kaufleute der East India Company nach Westen, und die ersten, die in Großbritannien eintrafen, wurden als Chinarosen (*Rosa chinensis* und *Rosa chinensis semperflorens*) bekannt – Slater's Crimson China 1792 und Parson's Pink China 1793. Später

Noch ein Holzschnitt von Lin Ching, der die Sui-Yan-Garten in Nanking zeigt. Beachten Sie die extensive Verwendung von Bambus als Abschirmung und die Trauerweiden rund um das Wasserelement.

kamen die Teerosen, die Aristokraten der Rosenwelt, hinzu – 1809 Hume's Blush Tea-scented China und 1824 Parks' Yellow Tea-scented China. Seither wurden über die Bedeutung chinesischer Rosen für die Entwicklung unserer modernen Rosen fast soviel Bücher geschrieben, wie sich in der Bibliothek im Kaiserpalast befanden – das haben wir vor allem Napoleons Gemahlin Kaiserin Josephine zu verdanken, die, ohne Feng Shui zu kennen, als eine der ersten deren Potential erkannte und in Malmaison einen wunderschönen Rosengarten mit mäandernden Pfaden, Gittern und Pergolen anlegen ließ.

Bestimmte Feng-Shui-*Xiansheng* behaupten, daß gelbe Rosen das *Chi* am besten leiten, obgleich andersfarbige zweifellos formschöner sind und auch stärker duften. Es gibt einen interessanten Bericht von Europäern, die Mitte des sechzehnten Jahrhunderts Kanton einen Besuch abstatteten. Sie beschreiben ihr Erstaunen beim Betreten der berühmten Fa-Tee-Gärtnereien in den Randbezirken der Stadt, wo sie Hunderte weißer, rosafarbener, roter und gelber Rosen sahen, die an Gittern und Bambuszäunen wuchsen. Auch überraschte sie die Vielfalt der Blumentöpfe, die offenbar regelmäßig verrückt wurden, damit sich dem Besucher immer neue Augenweiden und Wohlgerüche boten. Man erklärte den Europäern zwar, daß alle Rosen so gezüchtet wurden, daß »gutes Feng Shui« entstand, doch es sollte noch einige Jahre dauern, bis sie die Tragweite dieser Worte begriffen. Was diese Ausländer jedoch einfach zu schätzen wußten, war die völlig neue Art der Gartenarbeit, die sie übernehmen und trotz größter räumlicher Beschränkungen leicht selbst umsetzen konnten. Möglicherweise wurde in den nach Feng-Shui-Richtlinien angelegten Fa-Tee-Gärtnereien der Rosengarten in der uns heute bekannten Form geboren.

Von den China- und Teerosen-Hybriden, die heute im Westen angepflanzt werden, gelten einige als gute *Chi*-Leiter. Die nachstehende kurze Liste enthält auch das Datum, an dem die Blume eingeführt wurde:

Gelb: ›Arethusa‹ (1903), ›Perle d'Or‹ (1884), ›Adam‹ (1833), ›Etoile de Lyon‹ (1881), ›Safrano‹ (1839).

Weiß: ›Anna-Maria de Montravel‹ (1880), ›Mme Bravy‹ (1846), ›Sombreuil‹ (1850).

Rosa: ›Cecile Brunner‹ (1881), ›Duke of York‹ (1894), ›Hermosa‹ (1841), ›L'Ouche‹ (1901), ›Papillon‹ (1900), ›Old Blush‹ (1789), ›Pompon de Paris‹ (1839), ›Mme Laurette Messimy‹ (1887).

Rot: ›Cramoisi Supérieur‹ (1832), ›Brennus‹ (1830), ›Louis XIV‹ (1859), ›Némésis‹ (1836), ›Papa Hemeray‹ (1912), ›Rivers George IV‹ (1820), ›Fabvier‹ (1832), ›Miss Lowe's Rose‹ (1887).

Trotz der unbestreitbaren weltweiten Beliebtheit der Rose gilt in China die Päonie, und insbesondere der *Moutan* beziehungsweise die Baumpäonie, als »König der Blumen«. Schon allein ihr Name – *mou* bedeutet männlich und *tan* Zinnoberrot – läßt zugleich an die Qualitäten denken, die der Blüte zugeschrieben werden: Stärke, Männlichkeit, Aristokratie, Wohlstand und Status. Laut Feng Shui gilt die Päonie aufgrund dieser Qualitäten als *Yang*-Blume und Glückssymbol. Einige chinesische Gärtner bezeichnen sie als *fu kuei* (Glück und Wohlstand) oder auch *Lo Yang Hua* – die Blume Lo Yangs, weil sie ursprünglich aus dieser Stadt kommen soll. Es gibt sogar ein kleines Gedicht über die Blume, das *Lo Yang Moutan Chi*, welches der bedeutende Dichter der Sung-Dynastie, Ou Yang-hsiu, verfaßt hat.

Da die aufsehenerregenden Blüten der Päonie keine Abweichungen aufweisen, haben die Chinesen ihnen Namen gegeben die auf ihrer Farbe basieren. So heißen die tiefroten Blüten Ink, das sich von der roten Stempelfarbe ableitet, die die Chinesen zur Unterschrift benutzen, die weißen, die allerdings immer einen Stich ins Grünliche aufweisen, Jade und die schneeweißen Gleißender Berg. Die alte Kunst besagt, daß die Ink und eine andere Variante mit gelbem Fleck am Rand des Blütenblattes, bekannt als »Goldrand-Moutan«, zu den am meisten geschätzten gehören. Die feingeformten, üppigen Blätter der Päonie sind nicht nur ganz besonders dekorativ, sondern leiten auch das *Chi* gut; ihre unebene Rinde wird hingegen seit Jahrhunderten bei Blutstörungen verschrieben.

Als die ersten wilden *moutan* gezüchtet wurden, pflanzte man sie fast ausschließlich für den Kaiser und seinen Hofstaat an. Bald war jedoch auch das gemeine Volk so verzaubert von diesen wunderschönen Blumen, daß sie schon während der Sung-Dynastie (10.–13. Jahrhundert) der Stolz von ganz China waren. Es gibt Beweise dafür, daß die Päonie die allererste Blume war, die nur zu Schauzwecken gezüchtet wurde.

Im Feng Shui gilt die Päonie als Blume des Frühlings. In ihrer Heimat werden die Pflanzen meistens alle zusammen in mit Steinen oder Marmor eingefaßte Beete oder Steinterrassen gesetzt, die man neben einer Böschung aufschichtet. Wenn die Blumen dann im Frühsommer blühen, bündeln sie nicht nur die Gartenenergie, sondern ziehen auch die Blicke der Besucher auf sich. Einer alten Tradition zufolge wurden im Kaiserreich oft Feste zu Ehren der blühenden Päonien veranstaltet, wo die Gäste bei einem Getränk miteinander plauderten und die Blüten bestaunten. Meiner Meinung nach sollte man das auch im Westen einmal ausprobieren.

Auf die Päonie folgt der Lotus als Blume des Sommers, der im Feng Shui ebenfalls höchstes Ansehen genießt. Im Chinesischen heißt die Blume, *Nelumbo nucifera, lien-* oder *ho*-Blume – *lien* klingt wie »verbunden« und *ho* erin-

Feng-Shui-Blumenkalender

Die Liste der Blüten, die jeweils einen Monat des Jahres symbolisieren, wurde uns von Feng-Shui-Anhängern vor Jahrtausenden hinterlassen und findet in vielen Teilen Chinas sowie den chinesischen Gemeinden auf der ganzen Welt auch heute noch Anwendung. Angeblich sind alle ideal geeignet, um als Blumendekoration gutes Feng Shui in Heim und Garten und dem entsprechenden Monat zu fördern.

Monat	*Blumendekoration*
Januar	Pflaume
Februar	Pfirsichblüte
März	Päonie
April	Kirschblüte
Mai	Magnolie
Juni	Glyzinie
Juli	Lotus
August	Birnenblüte
September	Malve
Oktober	Chrysantheme
November	Gardenie
Dezember	Mohn

nert an das Wort für ›Harmonie‹. Der Lotus gilt, weil er sich aus dem sumpfigen Wasser erhebt, um seine grünen, kelchförmigen Blätter auszustrecken und sein unaufdringliches Aroma zu verströmen, als Symbol der Freundschaft, des Friedens und der Einheit. Konfuzius sah in der strahlenden Reinheit des Lotus, der sich aus dem Schmutz erhebt, das Vorbild für den »überlegenen Menschen« und schloß sich der Feng-Shui-Ansicht an, daß seine Blüten in keinem See oder Teich fehlen dürften, damit sich das Glück einstelle.

Obwohl es schwierig ist, den Lotus im Westen zu ziehen, läßt sich die Pflanze symbolisch verwenden, indem man – so wie es viele mittellose Chinesen taten – Bilder davon an die Wände hängt. Er gilt auch als beliebtes taoistisches Symbol, wo er das Emblem eines der Acht Unsterblichen, *Ho Hsien-ku*, darstellt. In der chinesischen Literatur der Tang-Dynastie gibt es zahlreiche entzückende Beschreibungen von lotuspflückenden Damen bei der Blütenernte, denn die Pflanzen dienten nicht nur Dekorations-, sondern auch anderen Zwecken. Die Blätter kann man beispielsweise zum Aromatisieren verwenden, und die in Scheiben geschnittene, konservierte Frucht ist eine köstliche Leckerei. Auch die Sprossen des Lotus lassen sich zu einer knusprigen, saftigen Delikatesse oder zu einer Stärke verarbeiten, die als gutes Heilmittel bei Verdauungsschwierigkeiten gilt. Wen wundert es da, daß der Lotus mit seinem exotischen Aussehen und seinem nachhaltigen Duft in China auch heute noch sehr häufig angepflanzt wird?

Auch die Chrysantheme, die Blume des Herbstes, wurde ursprünglich wegen ihrer medizinischen und kulinarischen Verwendungsmöglichkeiten und nicht als Zierpflanze gezüchtet, so wie es heute der Fall ist. Ihr Ruf scheint auf eine Legende zurückzugehen, die sich um die Stadt Nanyang in Zentralchina rankt, deren Bewohner angeblich alle über hundert Jahre alt wurden. Offensichtlich bezogen alle ihr Trinkwasser aus einem Fluß, an dem Chrysanthemen wuchsen, und es hieß, die Essenzen der Blumen sickerten ins Wasser und verliehen ihm seine lebensverlängernden Zauberkräfte. Im Feng Shui, dem zufolge die Chrysantheme ein hervorragender Energiespender ist, gilt die Pflanze auch als Symbol für langes Leben, weil sie sich besonders lange hält und im Herbst blüht, wenn die meisten anderen Pflanzen bereits absterben. Tee aus dieser Blume soll sich gut auf die Gesundheit auswirken, während die Landbevölkerung in China über viele Generationen hinweg aus einem Aufguß der Blütenblätter Wein herstellte.

Die letzte Gruppe von Blüten, für die die Chinesen mehr Bewunderung aufbringen als für die Rose, sind die Mitglieder der *Prunus*-Familie wie Kirsch- und Pflaumenbäume. Diese Frühjahrsblüher verheißen Erneuerung der Lebensfreude sowie Hoffnung und spielen nach den kalten Wintermonaten eine wichtige Rolle bei der Wiederbelebung des Erdenergieflusses. Es gibt eine lange, bewegende Beschreibung in einem klassischen chinesischen Märchen aus früherer Zeit, dem *Yuan Yeh*, über einen Mann, der im Frühlingsschnee steht und Pflaumenblüten betrachtet, die von der frühen Morgensonne beschienen werden. Trotz der Kälte fühlt er, wie sein Herz gleich dem Baum voller Lebenskraft und Energie aufzublühen beginnt. Durch dieses Erlebnis konnte er die Wirkungsweisen des Feng Shui sozusagen am eigenen Leib erfahren.

Die Blüten von *Prunus* und anderen Pflanzen sind nicht die einzigen, die im Feng Shui als Boten von gutem *Chi* gelten. Dank der Informationen, die mehrere Experten zusammengetragen haben, kann ich eine Liste jener Pflanzen vorstellen, die aufgrund ihrer Schönheit, ihres Duftes und ihrer harmonisierenden Eigenschaften empfohlen werden. Alle stammen ursprünglich aus China, wurden aber nach und nach im Westen eingeführt und lassen sich auch hierzulande mit etwas Umsicht und Fürsorge in Gärten ziehen. Und wenn man sie einzeln oder in geeigneten *Yin*- und *Yang*-Kombinationen züchtet, kann jeder Gärtner ein Feng-Shui-Blumenparadies entstehen lassen, um das ihn alle, die es betrachten, beneiden werden.

Sträucher und Kletterpflanzen

Kolkwitzie (Meeilih-Tsurng) *Kolkwitzia amabilis*
Element: *Yin*
Symbolik: *Schönheit, Herrlichkeit*
Wie sein Name genießt dieser winterharte belaubte Strauch im Feng Shui höchstes Ansehen wegen seiner wunderschönen Doldentrauben mit den auffälligen rosafarbenen Blüten mit gelbem Schlund, die an kleine Fingerhüte erinnern. Die Blüten erscheinen im Spätfrühling und blühen bis zum Hochsommer. Dann entwickeln sie kleine flaumige Samenköpfe. Die matten, dunkelgrünen Blätter sind behaart und breit gezahnt, färben sich im Herbst trübrot, und von dem braunen Stamm löst sich im Winter die Rinde in Streifen ab, was sehr attraktiv aussieht. Der Strauch erreicht mühelos eine Höhe von drei Metern und einen Durchmesser von vier Metern und erzeugt angeblich das richtige *Chi*, wenn er neben dem Haus in der Sonne oder im Halbschatten in gut drainiertem Boden steht. Er macht sich auch in gemischten Beeten gut und ist Feng Shui zufolge ein idealer Partner für den Blasenbaum (Huarngjin-Yuh) *Koelreuteria paniculata*. Die Kolkwitzie läßt sich aus Ablegern vermehren, und die Sträucher sollten im Oktober oder März gesetzt werden.

Kamelie (Charhua) *Camellia ssp.*
Element: *Yang*
Symbolik: *Immergrün*
Die Chinesen sagen, die Kamelie habe von allen blühenden Sträuchern die attraktivsten Blätter, und ihr hübsches, immergrünes Laub sei ein guter *Chi*-Leiter, wenn man sie an eine Mauer pflanzt oder zu einer wellenförmig ange-

70

legten Hecke zurechtstutzt. Die vielen Arten winterharter, immergrüner Kamelien haben unverwechselbare einfache oder gefüllte, kelchförmige Blüten in Farben, die von Rot bis Blaßrosa und Weiß reichen. Die ursprünglich aus Westchina stammende Art *C. reticulata* ist von dunklerem Rot und hat goldene Staubgefäße. Schon frühe Feng-Shui-Praktiker fühlten sich von der Pflanze stark angezogen, weil sie trotz ihres exotischen Aussehens die bemerkenswerte Fähigkeit hatte, grimmige Winter zu überstehen und bei Jahresbeginn immer wieder von neuem zu blühen. Durch diese Eigenschaft wurde die Kamelie in der Folgezeit im Westen zu einer beliebten Pflanze, die man im Freien in Beeten oder im Topf ziehen kann. Sie braucht kalkfreien Boden und wird bis zu fünf Meter hoch und breit, kann aber unter günstigen Bedingungen eine Höhe von 15 Metern erreichen. Pflanzen Sie sie im September und Oktober oder im März und April im Halbschatten an ein windgeschütztes Fleckchen. Im Sommer gut wässern. Die Kamelie genießt auch in Japan großes Ansehen, wo sie als »lebender Jade« bekannt ist, und die Chinesen bereiten aus einer als *C. thea* (Teestrauch) bekannten Art einen grünen Tee zu, der manchmal als *ding* bezeichnet wird (nach dem Mann, der das ziemlich süße, aromatische Getränk angeblich erfunden hat).

Sternjasmin ›Chinese Star‹ (Luohshya) *Trachelospermum jasminoides*
Element: *Yin*
Symbolik: *Freundschaft*
Der ›Chinesische Stern‹ mit seinen zarten, cremeweißen Blütenbüscheln und seinem starken, süßen Duft gilt bei den Chinesen seit Menschengedenken als weibliches Symbol der Freundschaft. Feng Shui zufolge eignet sich die Kletterpflanze ideal zur Bepflanzung rund um Eingangsbereiche, wo sie, wenn man den Garten betritt, ihr wunderbares Aroma verströmt und dafür sorgt, daß das *Chi* ungehindert fließen kann. Als Bodendecker paßt sie auch gut in Steingärten und rankt sich wunderbar über Gitter, Lauben, Pergolen, Zäune und Mauern. Steht sie in praller Sonne in gut drainiertem Boden, wächst *T. jasminoides* schnell, kann bis zu neun Meter hoch werden und blüht von Ende Juni bis Juli; allerdings übersteht diese Pflanze strengen Frost nicht und gedeiht besser in milderen Klimazonen. Die hübschen Blüten heben sich von den dunklen, ovalen, immergrünen Blättern ab, die von verschlungenen Reben herabhängen. Die Pflanze läßt sich aus Ablegern ziehen, und im September oder Oktober abgesenkte Schößlinge bilden in aller Regel innerhalb eines

Jahres Wurzeln. Vorteilhaft ist auch ein belebender Rückschnitt des alten Holzes nach der Blüte.

Waldrebe (Tiee-Shiahn) *Clematis montana*
Element: *Yang*
Symbolik: *Tatkraft*
Die Heimat dieser berühmten Clematis-Art, einer Kletterpflanze, ist der Himalaya, wo ihr kräftiger Wuchs und die großen, sternförmigen, weißen, büschelweise stehenden Blüten im Feng Shui als ideale *Chi*-Leiter galten. Die hellgrünen, dreiblättrigen sommergrünen Blätter wachsen an einer Rankrebe, und die Wuchsenergie dieser Pflanze ist so stark, daß sie als die am leichtesten zu züchtende blühende Kletterpflanze gilt. Die Varietäten ›Elizabeth‹ und ›Pink Perfection‹ haben rosafarbene Blüten. Anfangs wächst die Clematis kerzengerade in die Höhe, verzweigt sich dann aber oben und kann von 1,5 bis zu drei Meter pro Jahr wachsen. Feng Shui empfiehlt Gärtnern, die *C. montana* in geschwungenen Linien über Gitter, Mauern, Zäune oder sogar Pfosten wachsen zu lassen, da diese Art nämlich bis 14 Meter hoch und zwei bis drei Meter breit werden kann. Am besten läßt sich die Clematis aus Schößlingen vermehren, die zwischen Oktober und Mai gesetzt werden. Ihre Wurzeln bevorzugen ein schattiges Fleckchen mit gut drainiertem, fruchtbarem Boden. Einige Feng-Shui-Gärtner empfehlen, südlich der Kletterpflanze einen niedrigwachsenden Strauch zu setzen, der den Wurzeln Schatten spendet; bei anderen erzielt man mit mehreren kleinen Steinen oder einem Kieshäufchen rund um den Stamm denselben Effekt. Zur Clematis-Art gehören auch zahlreiche winterharte krautige Mehrjährige, die sich gut als Beetpflanzen eignen, so beispielsweise die ursprünglich in China beheimatete *C. heracleifolia*, die 75 Zentimeter hoch wird und auffällige, purpurblaue, röhrenförmige Blütentrauben hervorbringt, die im August und September blühen. Speziell diese Pflanze hat den Vorteil, daß man sie, obwohl sie eigentlich ein sich ausbreitender Halbstrauch ist, auf Stützen in unterschiedlicher Höhe in einem Strauchbeet ziehen kann, wo sie den *Chi*-Fluß verbessert. Pflanzt man sie zwischen Oktober und Mai an einen sonnigen Standort, so ist sie wie alle krautigen Clematis für eine jährliche Kompostgabe im Frühjahr dankbar.

Feuerdorn (Huoo-Jir) *Pyracantha rogersiana*
Element: *Yin/Yang*
Symbolik: *Nobilität*
An der auffälligen Farbveränderung des Feuerdorns – die verschwenderischen weißen Blüten verwandeln sich während der Sommermonate in eine ebenso große Fülle roter Beeren, die sich von September bis März den Winter über halten – wird die Wirkung von *Yin* und *Yang* besonders gut deutlich. Tatsächlich waren einige der ersten chinesischen Gärten fast ausschließlich den Feuerdornbäumen gewidmet, die man rund um Steine und Wasserteiche anpflanzte. Der Anblick der immergrünen, dicken glänzenden Blätter wird durch die winzigen weißen, weißdornähnlichen Blüten vervollständigt, die sich im Juni in 5 Zentimeter großen Büscheln zeigen. Setzt man den Feuerdorn an eine Mauer, so muß man ihn mit Draht stützen, sobald die Ableger größer werden, und man sollte ihn zwischen Oktober und März in fruchtbaren, gut drainierten Boden pflanzen. Der Strauch gedeiht am besten in praller Sonne oder im Halbschatten und bildet eine reizvolle Hecke, die man zwischen Mai und Juni vermutlich zurechtstutzen muß, damit sie so wächst, daß es den *Chi*-Fluß im Garten fördert. Die Arten *P. angustifolia* und *P. atalantioides* stammen ebenfalls aus China.

Forsythie (Liarnchiaur) *Forsythia suspensa*
Element: *Yang*
Symbolik: *Energie*
Mit ihren leuchtenden gelben Blüten, die von einem Geflecht von Zweigen herunterhängen, galt die Forsythie vor langer Zeit als guter *Chi*-Leiter in einem Garten, besonders da ihre Blüten den nahenden Frühling ankündigten. Heute gilt diese sommergrüne Art, die einst in ganz China blühte, weltweit als beliebtester Frühjahrsstrauch, der in fast allen Böden gedeiht und auch in Stadtgärten wächst. Wenn man *F. suspensa* neben eine Mauer setzt, kann sie drei und mehr Meter breit werden und bietet mit ihren hängenden gelben Blüten und den breit-ovalen, mittelgrünen Blättern einen wunderschönen Anblick. Die Blüten erscheinen im März in Büscheln von zwei und vier auf der ganzen Länge des Vorjahresschößlings und gelten im Feng Shui als Symbol des Alters, das die Jugend unterstützt und nährt. Diese Art bildet oft selbst Wurzeln, wenn die herunterhängenden Zweige den Boden berühren, und diese Wurzelableger kann man im Oktober von der Mutterpflanze

abtrennen und sie, sobald sie groß genug sind, direkt in den Boden setzen oder auch in einem Zuchtbeet ein Jahr lang züchten. Der Forsythie kann man im April einen ordentlichen Formschnitt verpassen, indem man altes und beschädigtes Holz mit der Heckenschere abschneidet.

Gardenia (Mohlih) *Gardenia augusta*
Element: *Yang*
Symbolik: *Stärke*
Die Gardenie wird im Westen zwar meistens nur in Treibhäusern gezüchtet, vom Feng Shui jedoch aufgrund ihres starken Duftes und ihres dekorativen Aussehens wärmstens empfohlen. Jahrelang wurde sie sehr gern als Knopflochblume getragen. Die immergrünen Sträucher stammen ursprünglich aus den heißen südlichen Klimazonen Chinas und Japans, wo sie mitunter eine Höhe von zwölf Metern und eine Breite von drei Metern erreichen. Sie bringen weiße, wächserne, schwer duftende Blüten und dunkelgrüne, glänzende Blätter hervor, die in Blattwirteln zu je dreien stehen. Die Hauptblütezeit ist von Juni bis August, aber eine im Haus gezogene Varietät, die ›*Veitchii*‹, blüht im Winter. Am besten lassen sich die Pflanzen aus Ablegern im Februar und März in Töpfen mit Anzuchterde vermehren. Danach sollte man sie in feuchter Luft bei 18–21 °C halten. Gardenien kann man von Juni bis Mitte September in Torf an einem sonnigen Standort auspflanzen und sollte sie oft gießen. Wenn Sie die Pflanze schneiden, lassen Sie die Blüten an einem langen Trieb stehen, kurz bevor sich die mittleren Blütenblätter öffnen. Wenn keine Blüten mehr nachkommen, muß die Pflanze etwa zur Hälfte gekürzt werden.

Chinesischer Roseneibisch/Hibiskus (Jujinn) *Hibiscus rosa-sinensis*
Element: *Yin*
Symbolik: *Verschwenderisches Wachstum*
Die roten, sternförmigen Blüten des Hibiskus mit ihren gelben, an Fühler erinnernden Staubfäden werden im Feng Shui sehr geschätzt, weil sie trotz ihrer kurzen Lebensdauer (pro Blüte etwa einen Tag) von Sommer bis Frühherbst in großer Zahl erscheinen. Dieser Prozeß der ständigen Erneuerung soll für den *Chi*-Fluß besonders förderlich sein, und so ist der Hibiskus in vielen Teilen Chinas eine beliebte Topfpflanze auf Balkonen und in Innenhöfen, wo er ungefähr einen Meter hoch werden kann. Im Westen gedeiht er, wie die Gardenie, am besten unter Glas oder als Zimmerpflanze. Die Blüten stehen

74

von Juni bis September an den oberen Blattachseln, die auffallend oval und dunkelgrün sind. Eine winterhärtere Art wie *H. syriacus*, den es in Rot, Purpur, Blau und Weiß gibt, kann man aus Samen oder Ablegern ziehen, die man von Oktober bis März an einen sonnigen Standort in humusreichen Boden setzt. Als einer der letzten Sträucher, die im Frühjahr ausschlagen, kann er noch mit Blüten aufwarten, wenn viele andere Gartenblüher schon lange verwelkt sind. Da er bis zu drei Meter groß werden kann, eignet er sich gut als attraktive Hecke oder kleiner Blickfang auf dem Rasen.

Geißblatt (Reendung) *Lonicera nitida*
Element: *Yin*
Symbolik: *Treue*
Bei dieser Geißblatt-Art handelt es sich um einen dichten, immergrünen Strauch, der eine schöne Hecke ergibt und sich für gemischte und Strauchbeete eignet. Feng Shui hebt hervor, daß *L. nitida* im Schatten wachsen kann, und obwohl seine cremeweißen Blüten, die sich im April und Mai öffnen, klein sind, folgen darauf auffällige, halbdurchsichtige violette oder amethystfarbene runde Beeren, die, wie einige Chinesen bemerkt haben, eine ausgesprochene Ähnlichkeit mit dem Yin-Yang-Symbol aufweisen. Auch hat die Pflanze mit ihren ovalen, glänzenden, dunkelgrünen Blättern während der Blüte einen ganz eigenen Duft, weshalb sie lange Zeit bei chinesischen Damen sehr beliebt war. Der Strauch sollte zwischen September und März in normalen, gut drainierten Boden gesetzt und einmal jährlich im Frühjahr mit Kompost gemulcht werden. Will man *L. nitida* zu einer Hecke wachsen lassen, setzt man die jungen Pflänzchen am besten in Abständen von 23 bis 30 Zentimetern. Eine andere Art, *L. tragophylla* (oft Chinesisches Geißblatt genannt) fällt mit ihren ovalen, auf der Oberseite dunkelgrünen und auf der Unterseite bläulich-weißen Blättern auf. Sie ergeben einen schönen Hintergrund für die endständigen Wirtel der auffälligen, goldgelben Blüten dieser Pflanze, die laut Feng Shui hervorragende *Chi*-Leiter sind.

Hortensie (Tuu-Charngshan) *Hydrangea macrophylla*
Element: *Yang*
Symbolik: *Leistung*
Mit ihren herzförmigen hellgrünen Blättern und spitzenartigen blauen Blütenbüscheln galt die Chinesische Hortensie lange Zeit als Lieblingspflanze in

Gärten und Blumenarrangements. Die kugelförmigen Laubbüsche, die den ganzen Sommer bis in den Frühherbst hinein blühen, sind für Stadtgärten ideal geeignet und erreichen einen Durchmesser von zwei Metern. Die Hortensie bevorzugt einen Standort in praller Sonne in gut drainiertem, lehmigem Erdreich, wobei die Farbe der Blüte vom pH-Wert des Bodens abhängt: Ein neutraler oder alkalischer Boden bringt rosafarbene Blüten hervor, während blaue Blüten einen sauren Boden brauchen. *H. macrophylla* läßt sich aus im Juni oder Juli entnommenen Ablegern ziehen, die man im Oktober/November oder März/April einpflanzen sollte. Nach Ansicht einiger Feng-Shui-Gärtner wachsen die schönsten blauen Blüten unter einer Baumkrone, wo sie auch helfen, das *Chi* zu kanalisieren. Eine beliebte Gartenform dieser Art ist ›Blue Bonnet‹ mit ihrer runden Form und den prachtvollen blauen Einzelblüten, die ebenfalls Feng-Shui-Ansprüchen genügt.

Flieder (Bairdingshiang) *Syringa pubescens ssp. microphylla*
Element: *Yang*
Symbolik: *Männlichkeit*
Dieser ansehnliche Strauch läßt sich als informelle Hecke, als Abschirmung, in Strauchbeeten oder in einem Steingarten ziehen, für den er laut Feng Shui ideal geeignet ist. Die duftenden, lilafarbenen Blütenrispen erscheinen im Juni und dann wieder im September. Die ovalen, mittelgrünen Blätter dieser Art fallen auch durch ihren flaumigen Belag auf. Vor langer Zeit kam man im Feng Shui darauf, daß der Flieder genausogut in Städten wie auf dem Land gedeiht, und so empfiehlt er sich für den Westen, wo er winterhart in der Stadt wächst, sogar in stark verschmutzten Gegenden. Ableger von *S. microphylla* sollten zwischen Oktober und November in die Sonne oder den Halbschatten in einen beliebigen fruchtbaren Gartenboden gesetzt werden. Die Pflanze braucht ein oder zwei Jahre, um sich zu etablieren. Wollen Sie eine Hecke oder Abschirmung, dann setzen Sie junge Pflanzen ungefähr 1,5 bis 3 Meter auseinander; Sie können die Sträucher verjüngen, indem Sie schwache Äste im Winter abschneiden. Die ebenfalls aus China stammende Art *S. reflexa* bringt im Juni duftende, tiefrosafarbene Blüten hervor.

Baumpäonie (Muh-Shauryauh) *Paeonia suffruticosa*
Element: *Yang*
Symbolik: *Wohlstand*
Die Baumpäonie ist seit Jahrhunderten *der* Favorit der Chinesen und wird im
Feng Shui aufgrund ihrer verschwenderischen Schönheit und seiner Fähigkeit, schlechtes *Sha* abzuwehren, geschätzt. In Teilen Westchinas, ihrer ursprünglichen Heimat, gilt die Baumpäonie sogar als göttliche Pflanze, die
böse Geister vertreiben kann; ihre Samen verwendete man einst in Gewürzre-
zepturen, und ihre Wurzeln wurden, pulverisiert und abgekocht, bei Leber-
beschwerden verabreicht. Die einfachen, gefüllten und halbgefüllten Blüten
der *P. suffruticosa*, die sich im Mai öffnen, können einen Durchmesser von bis
zu 30 Zentimeter erreichen und haben büschelweise angeordnete, gelbe
Staubfäden, die einen auffallenden Kontrast zu den weißen, gelben, rosafarbenen, roten oder purpurfarbenen Blütenblättern bilden. Mit ihren anmutigen graugrünen Blättern wird die Pflanze 2,2 Meter hoch und breit und ist
daher hervorragend für Misch- oder Strauchbeete geeignet. Die Päonie bevorzugt einen schattigen Standort in gut drainiertem Boden, und obwohl sie
eine Zeitlang braucht, um sich zu etablieren, kann man sie danach 50 Jahre
oder länger unbehelligt wachsen lassen. Pflanzen Sie sie bei mildem Wetter
zwischen September und März (Samen nur im Herbst), und mulchen Sie sie
jährlich im April. Heute empfehlen einige Feng-Shui-Gärtner im Westen besonders die Unterart *P. rockii*, genannt ›Joseph Rock‹, mit reinweißen Blüten
und einem hervorstechenden, braun-purpurroten Fleck am Grund jedes Blütenblattes, der ein Symbol für das Band zwischen der Pflanze und der Erde
und für gutes *Chi* darstellt.

Judasbaum (Chyh-Leei) *Cercis chinensis*
Element: *Yang*
Symbolik: *Romantik*
Der Judasbaum mit seinen pinkfarbenen, erbsenförmigen Blüten und herzförmigen, glänzenden, dunkelgrünen Blättern gilt im Feng Shui als ideale Begleitpflanze für einen robusten Gartenbaum und sieht auch einzeln stehend
sehr schön aus. Die Blütenbüschel mit einem Durchmesser von 15 Millimeter
blühen im Spätfrühling auf den kahlen, sich gabelnden Zweigen, während
sich die sommergrünen Blätter im Herbst gelb färben und so den Judasbaum
fast das ganze Jahr über reizvoll aussehen lassen. *C. chinensis* ist ein offener,

buschiger Baum, der bis zu sechs Meter hoch wird. Er steht gern in praller Sonne und gut drainiertem, lehmigem Boden. Er läßt sich aus Ablegern züchten, die man Ende September und Oktober oder April/Mai setzen sollte. Der Baum braucht nicht gestutzt zu werden.

Rhododendron (Nauhyarnghua) *Rhododendron* ssp.
Element: *Yin*
Symbolik: *Zartheit*
Hierbei handelt es sich um Hunderte von Arten immergrüner Laubbüsche, zu denen auch die Azaleen gehören, die früher als eigene Gattung galten. Der Name Rhododendron leitet sich zwar von den griechischen Wörtern *rhodon* (Rose) und *dendron* (Baum) ab, doch die Heimat dieser Gattung, die heute bei so vielen Gärtnern auf der ganzen Welt beliebt ist, ist in den meisten Fällen China. Feng Shui mißt der Verwendung des Rhododendron in Steingärten sowie Misch- oder Strauchbeeten große Bedeutung bei; seine runden Blütenbüschel in den Farben Weiß, Gelb, Pink, Rot und Purpur ergeben zusammen mit den glatten, ovalen, grünen, fächerartig angeordneten Blättern eine ausladende, bauschende Form, die das *Chi* ganz besonders gut leitet. In der Natur erreichen manche Arten eine Höhe von 25 Metern. Die Azalee, ein niedrigerer, kompakt wachsender Strauch mit kleineren Blättern und Blüten, weist eine ähnliche Farbpalette auf, die noch um Orange, Apricot und Zinnoberrot erweitert ist. Auch sie soll das Feng Shui im Garten mit ihren trichterförmigen Blüten und hellgrünen, in Wirteln angeordneten Blättern fördern. Beide mögen halbschattige Standorte in feuchtem, aber gut drainiertem, laubigem, humusreichem, saurem Boden und blühen vom Frühjahr bis zum Frühsommer. Der Rhododendron läßt sich aus Samen (im Februar oder März säen), Absenkern (zu jeder Jahreszeit) und Ablegern (ab Mitte Juli bis Ende August) ziehen und braucht nicht gestutzt zu werden. Es genügt, abgestorbene Blüten mit Zeigefinger und Daumen zu entfernen. Aufgrund seines kompakten Wurzelsystems wird im Feng Shui empfohlen, einen Rhododendron lieber an eine andere Stelle zu versetzen, statt ihn zurückzuschneiden, wenn er den *Chi*-Fluß im Garten behindert. Die Azalee eignet sich hervorragend in der Stadt, da ihr die Luftverschmutzung nichts ausmacht.

78

Chinesische Rose (Muhshiang) ›Old Blush China‹ *Rose chinensis var.*
Element: *Yin*
Symbolik: *Schönheit*
Bäte man Feng-Shui-Gärtner, die nur eine winzige Fläche zur Verfügung hätten, eine Rose auszuwählen, um das *Chi* in ihrem Garten zu fördern, würden
die meisten sich vermutlich für die erhabene, anmutige ›Old Blush‹ mit ihren
lockeren kleinen, süß duftenden Blütenzweigen entscheiden, die von Juni bis
Weihnachten durchgehend blühen. Die Pflanze ist in Großbritannien bekannt, da sie das Thema von Thomas Moores berühmtem Gedicht »Die letzte
Rose« ist und von Dean Hole ehrerbietig »Brave Old Monthly« genannt wird,
»die im Winter als letzte und im Sommer als erste blühte«. Abgesehen von
ihren historischen Bezügen als eine der ersten Chinarosen – wie einer Legende zufolge berichtet wurde – kann die Pflanze mit schwankenden Temperaturen zurechtkommen und ist das ideale I-Tüpfelchen in jedem kleinen
Gartenbeet. ›Old Blush‹ paßt angeblich gut zu Azaleen, Clematis und Glyzinen – die alle wegen ihrer guten Feng-Shui-Eigenschaften geschätzt werden –
und eignet sich mit einer durchschnittlichen Höhe und Breite von 1,2 Metern
für fast jedes Grundstück. ›Old Blush‹ ist schön anzusehen und fördert auch
den Fluß der Erdenergien. Sie ist über und über mit rosig-pinkfarbenen Blüten bedeckt, die mit dem Alter dunkler werden. Meist sind mehrere Nuancen
von Pink, Rosa und Blaßkarminrot am Busch vorhanden, die sich gegen das
Grün der älteren Blätter und die rötlich-braunen Farbtöne der jungen Triebe
abheben, was einen chintzartigen Effekt ergibt. Im Hochwinter erfreut man
sich zusätzlich an ihrem frischen Duft. ›Old Blush‹ liebt sonnige Standorte
(am besten nach Süden ausgerichtet) und mag gut drainierten Boden. Die
Pflanze läßt sich leicht ziehen, dankt es Ihnen aber, wenn Sie Verblühtes abschneiden und hin und wieder altes Holz von der Basis aus entfernen.

Glyzine (Terng) *Wisteria sinensis*
Element: *Yin*
Symbolik: *Schönheit*
Feng Shui empfiehlt eine Kombination aus Glyzinen, Rhododendron und
Rosen und hält sie für die vielseitigsten Pflanzen, weil man sie wie einen
Strauch, einen Baum oder eine Rankrebe behandeln kann. Die chinesische
Glyzine ist meistens nicht so aufsehenderregend wie die japanische Varietät
W. floribunda mit ihren roten, purpurnen, pinkfarbenen oder weißen trom-

petenförmigen Blüten, doch ihre 30 Zentimeter langen, duftenden, mauve-farbenen Blütentrauben können auf jeden Fall einen Zaun oder eine Mauer sehr viel ansehnlicher aussehen lassen, wenn sie sich über das Holz oder das Mauerwerk ausbreiten darf. Die Blüten erscheinen im Mai und Juni, bevor das Laub vollständig ausgebildet ist. Junge Pflanzen sollte man zwischen Oktober und März während einer milden Wetterperiode aussetzen. Sie bevorzugen einen sonnigen Standort mit gut drainiertem, lehmhaltigem Boden. Sobald sich die Glyzine eingewöhnt hat, sollte man sie zur Neubelebung und zur Anregung des Wachstums im Spätsommer und dann wieder im Februar bis auf zwei oder drei Knospen an der Basis des Vorjahrestriebs zurückschneiden. Die Art *W. sinensis* hat dunkel- bis mittelgrüne Blätter, die aus bis zu 13 Blättchen bestehen. Die Varietät ›Alba‹ besitzt die hübschesten weißen Blüten, die ebenfalls in üppigen Trauben herabhängen. Nach Ansicht vieler Feng-Shui-Experten ist kein Garten vollständig – bzw. richtig ausgestattet, um gutes *Chi* anzuziehen –, wenn nicht mindestens eine richtig plazierte Glyzine dort steht.

Krautige Pflanzen

Sommeraster (Shing-Tsaai) *Callistephus chinensis* Zuchtformen
Element: *Yang*
Symbolik: *Eleganz*
Diese leuchtendfarbigen, margeritenähnlichen Blumen, deren Farbspektrum von Goldgelb bis Tiefpurpur reicht, sind angeblich ideal geeignet, um den *Chi*-Fluß zu fördern, wenn sie in voller Pracht stehen. Der Name dieser elegant wirkenden Pflanzen mit ihren glatten grünen Blättern stammt von dem griechischen Wort *aster* für Stern, aber in China symbolisieren sie die Erhabenheit der Sonne und des Himmels. *C. chinensis* ist nur eine von Hunderten von Asternarten – Einjährige, Zweijährige, Mehrjährige und Halbsträucher –, die zur Zucht in Beeten oder Steingärten geeignet sind. Zuchtformen von *C. chinensis* variieren in der Höhe von 20 bis 75 Zentimetern und stehen am liebsten in einer großen Gruppe mit einheitlicher Farbgebung an einem sonnigen Standort mit gut drainiertem Boden. Die Blüten öffnen sich im Frühsommer und blühen ungefähr vier Wochen lang. *C. chinensis* sind auch als Schnittblumen sehr schön, da bereits Exemplare aus einer einzigen Gruppe einen schönen Strauß ergeben.

Lampionblume (Jungguor Deng'Lung) *Physalis franchetii*
Element: *Yang*
Symbolik: *Erleuchtung*
Die Lampionblume, wie wir sie im Westen kennen, gedeiht in China schon seit undenklicher Zeit. Dort repräsentiert sie mit ihren weißen Blüten, die sich in leuchtend goldene, aufgeblasene, laternenähnliche Kelche verwandeln, das Erwachen von Verständnis und Erleuchtung aller Menschen. Manchmal wird die Laterne mit ihren gewellten, mittelgrünen Blättern »Blasenkirsche« genannt und kann in gut drainiertem, sandigem Boden 60–70 Zentimeter hoch werden. Sie ist dafür bekannt, daß sie alles überwuchert. *P. franchetii* sollte man im März oder April pflanzen, denn die kleinen Blüten blühen im Juli und August. Darauf folgen dann die papierartigen »Laternen«, die im Grunde genommen Samenbehälter sind und eine eßbare, orangerote Beere enthalten – vom Verzehr würde ich jedoch abraten! Wollen Sie die Lampions zur Dekoration verwenden, müssen Sie sie pflücken, bevor sie sich verfärben. Die Zweige sollten in einem hellen, luftigen Raum aufgehängt werden. Laut Feng Shui setzt man die Lampionblume am besten getrennt von anderen, aber wo sie in einem Mischbeet steht, muß man unter Umständen die wuchernden unterirdischen Ausläufer mit einem Spaten abtrennen und ausgraben. Mit ihrer goldenen Farbe, die im Feng Shui so hoch geschätzt wird, ist *P. franchetii* ideal sowohl für den Außenbereich als auch als Dekoration für den Innenbereich geeignet.

Chrysantheme (Chuh) *Chrysanthemum morifolium*
Element: *Yang*
Symbolik: *Entschlossenheit*
Die ursprünglich aus Nordchina stammende *C. morifolium* ist die Mutterpflanze vieler mehrjähriger Beetpflanzen und halbharten Treibhauspflanzen, angefangen bei margeritenähnlichen Blumen bis zu riesigen runden Köpfen, die heutzutage von Floristen auf der ganzen Welt verkauft werden. Ursprünglich als ›Königin des Herbstes‹ bekannt, wurde die Chrysantheme schon früh als Tempelschmuck und Motiv in der Porzellanmalerei, für Metallarbeiten und Stickereien erwählt. Dem legendären Feng-Shui-*Xiansheng* Tao MingYang verdanken wir, daß sich die Farbe und Form vieler Varietäten dieser Pflanze verbessert hat. Daher gedachten seine Mitbürger nach seinem Tod seines Werks, indem sie ihre Stadt »Chuh-sien«, die Stadt der Chrysanthe-

men, nannten. Als die Blume im achtzehnten Jahrhundert zum erstenmal in England eingeführt wurde, gab es interessanterweise kontroverse Diskussionen darüber, wo ihre Heimat im Orient lag; diese Frage wurde schließlich geklärt, indem man sie *Chrysanthemum sinense*, »Die Goldene Blume aus China«, nannte.

C. morifolium wächst in hübschen Büscheln von 30–60 Zentimeter Höhe. Ihre Farbpalette reicht von Weiß, Gelb und Bronze bis Orange, Rot, Lavendel und Purpur. Man zieht sie aus Ablegern oder durch Teilung der Pflanze, und sie steht gern in der prallen Sonne in gut drainiertem, fruchtbarem Boden. Die Blüten der Chrysantheme erfreuen uns vom Hochsommer bis zu den Herbstfrösten, und sie sieht nicht nur in Mischbeeten und Rabatten gut aus, sondern wird durch ihre Blütenkaskaden und dunkelgrünen Blätter zu einer idealen Kübelpflanze für Balkone und Innenhöfe, wo sie das Feng Shui eines Gartens beeinflussen kann. Chrysanthemen machen sich auch als Schnittblumen in einer Vase gut – die goldfarbenen Varietäten sind gute *Chi*-Leiter in jedem Haus und jeder Wohnung. Damit die Pflanze ihre runde Form beibehält, sollte man sie im Frühjahr und Sommer vorsichtig zurechtschneiden. Übrigens nennt man in China einige Chrysanthemen noch immer mit ihren ursprünglichen bezaubernden Namen: zum Beispiel heißen gelbe Arten »Himmer voller Sterne«; die Varietäten mit zarten Blütenblättern »Kiefernnadeln« oder »Drachenbart«; die weiß mit rot gestreiften »Schnee auf der Erde«. Gemeint ist die Vorstellung von einem jungen Mädchen, das den Schnee bewundert; und die entzückendsten von allen, die großen, zerfurchten mauvefarbenen Chrysanthemen, heißen »Trunken-von-Wein-aus-Pfirsichen-der-Unsterblichen«!

Gartenbalsamine (Jyy'Jia) *Impatiens balsamina*
Element: *Yin*
Symbolik: *Zärtlichkeit*
Die Gartenbalsamine ist eine Art, die besser in den warmen südlichen Klimazonen Chinas als den kalten Regionen des Westens gedeiht, weil sie eine halbharte Pflanze ist, die leicht erfriert. Trotzdem gilt sie mit ihren warmen Farben Weiß, Pink und Purpur im Feng Shui als Symbol für Zärtlichkeit – obwohl sie nassem, kaltem Wetter angeblich nicht gut standhält. Die kompaktwüchsige Balsamine, die etwa 75 Zentimeter hoch wird, wendet schädliches *Sha* ab, wenn man sie an eine sonnige, geschützte Stelle in humusreichen Boden

pflanzt. Ihre entzückenden kelchförmigen Blüten blühen von Juni bis September an blaßgrünen Blättern. *I. balsamina* läßt sich am besten aus Samen vermehren, die man im März oder April direkt im Garten oder bei schlechtem Wetter zugedeckt aussäen kann. Dort läßt man sie ungefähr sechs Wochen wachsen und versetzt sie dann in ein geeignetes Beet. Sicherlich kennen bereits viele Leser die Hybriden der *I. walleriana* und die Neu-Guinea-Hybriden, die gemeinhin als »Fleißige Lieschen« im Handel angeboten werden.

Stockmalve (Rurngkueir) *Alcea rosea*
Element: *Yin*
Symbolik: *Ehrgeiz, Rechtschaffenheit*
Die beliebte Stockmalve war früher unter dem Namen *A. chinensis* bekannt und wird in ihrer Heimat China seit Jahrhunderten in der Medizin geschätzt, da sie Schmerz in allen Körperteilen lindern kann und auch eine unverzichtbare Zierpflanze umfriedeter Gärten ist. Diese schöne Pflanze mit ihren kräftigen Stielen und großblättrigen, tunnelförmigen Blüten und den dreilappigen, hellgrünen Blättern ist ein guter *Chi*-Leiter, wenn sie als Hintergrundpflanze in Jahres- oder krautigen Beeten steht. Interessanterweise wurde die Stockmalve in Europa ursprünglich als Topfkraut eingeführt, avancierte aber bald zur beliebten Cottage-Garten-Pflanze aufgrund ihres breit gefächerten Farbenspektrums, das von Tiefzinnober, Scharlach und Violett bis Pink, Gelb und Weiß reicht. Die Pflanze läßt sich aus Samen oder Ablegern ziehen und steht gern in der prallen Sonne in schwerem, reichhaltigem Boden. Sie wird zwischen 1,5 und 2,5 Meter hoch und zeigt von Hochsommer bis Spätsommer ihre aufsehenerregenden Blüten. Die Stockmalve muß in Trockenperioden reichlich gegossen werden und läßt sich als Zweijährige ziehen, wenn man sie im Hochsommer aussät, so daß sie im darauffolgenden Jahr zur Blüte kommt. Im Feng Shui läßt sie sich gut mit anderen Malven-Arten *(Malvaceae)* kombinieren und belebt somit den Garten.

Orchidee (Larnhua) *Bletilla striata*
Element: *Yang*
Symbolik: *Ausdauer*
Obwohl zahlreiche Orchideen-Arten schon seit frühester Zeit in China kultiviert werden, ist *B. striata* vielleicht die einzige, die sich auch im Westen erfolgreich als Feng-Shui-Hilfe ziehen läßt. Gruppen dieser Orchidee mit hohen

pink-, lavendel-, purpurfarbenen und manchmal weißen Blüten, umgeben von hervorstechenden dunkelgrünen Blättern, wachsen zu attraktiven, 30–60 Zentimeter hohen Büscheln heran und blühen im Frühsommer. Die Pflanze hat unterirdische Scheinknollen, die wie abgeflachte runde Zwiebeln aussehen und in einem gut drainierten, mit Torf oder Blattmulch angereicherten Boden gezogen werden sollten. September und Oktober sind die besten Monate, um die Orchidee durch Knollenteilung zu vermehren. In kalten Gegenden sollte man sie in den Wintermonaten mit einer Schicht aus Sand oder verwitterter Asche schützen. *B. striata* ist auch als Topfpflanze schön und hält als Schnittblume viel länger als die meisten anderen Blütenpflanzen. Die Blüten sind übrigens ein nahezu perfektes Miniaturabbild der bekannten, Cattleya *(Orchidaceae)* genannten Floristenorchidee.

Nelke (Shyrjur) *Dianthus chinensis*
Element: *Yang*
Symbolik: *Glück*
D. chinensis ist eine der schönsten, niedrigwachsenden Pflanzen in der Gattung der mehrere hundert zählenden Art, zu denen die allbekannten Nelken und Bartnelken gehören. Diese ausgefallene Nelke wächst in Massen duftender, einfacher oder gefüllter gekräuselter Blüten in den Farben Weiß bis Rot, Lavendel, Purpur und zweifarbig gegen schmale, silbriggrüne Blätter, die in milden Klimazonen auch den ganzen Winter hindurch attraktiv bleiben, wenn die Pflanze aufgrund ihrer Frosthärte zu einer Mehrjährigen wird.

D. chinensis wird manchmal »Regenbogennelke« genannt und erreicht je nach Sorte eine Höhe von bis zu 70 Zentimetern, wenn man sie aus Samen, Ablegern oder durch Pflanzenteilung vermehrt und an einen sonnigen Standort und in gut drainierten Boden setzt. Die sanft gerundeten Nelkenbüsche, die von Juli bis Ende Herbst blühen, sind laut Feng Shui gute *Chi*-Leiter und besonders für Steingärten zu empfehlen. Die Blumen eignen sich auch ideal für Blumenarrangements. *D. chinensis* wird von Feng-Shui-Experten wegen ihrer komplizierten, verwobenen Musterung geschätzt, die auf den Blütenblättern vieler einzelstehender Blumen zu sehen sind.

Türkenmohn (Yingsuh) *Papaver orientale*
Element: *Yin*
Symbolik: *Vergnügen*

Diese Mehrjährige, eine der mehr als hundert Arten der *Papaveraceae*, eignet sich Feng Shui zufolge gut für Misch- und krautige Beete und insbesondere für größere Steingärten, wo ihre charakteristische Schalenform in Verbindung mit der Form der Steine einen guten *Chi*-Leiter abgibt. Diese winterharte, heiter stimmende Pflanze hat tief eingekerbte, mittel- bis dunkelgrüne Blätter und leuchtend bunte, riesige, papierähnliche, rote Blüten mit einem schwarzen Fleck am Grund jedes Blütenblattes. Diese öffnen sich im Spätfrühjahr oder Frühsommer. Die Farben der vielen Zuchtformen reichen von Weiß bis Orange, Pink, Rot und zweifarbig. *P. orientale* wird zwischen 45 und 90 Zentimeter hoch, liebt sonnige Standorte und blüht in jedem gut drainierten Boden. Sie sollten sie im Oktober oder März setzen, während der Wachstumsphase hochbinden und nach der Blüte Verblühtes entfernen. Suchen Sie den Standort für den Mohn sorgfältig aus (er läßt sich durch Samen, Wurzelableger oder Teilung im Spätsommer vermehren), weil die Wurzeln unter Umständen absterben, wenn sie gestört werden. Ihre Blätter färben sich im Hochsommer braun, kommen aber im Herbst wieder nach und bleiben dann den Winter über grün. Der Mohn kann durchaus ein paar mehr Blüten im Herbst hervorbringen, wenn die ersten Blütenstengel zurückgeschnitten werden. Dann leuchten sie auch farbenfroher und erfreuen das Auge bei Einbruch des Winters. Der Mohn ist eine gute Schnittblume, und seine Samenkapseln verstärken Feng Shui zufolge das *Chi*-Potential jedes Trockenblumenarrangements.

Chinesenprimel (Yingtsaav) *Primula sinensis*
Element: *Yang*
Symbolik: *Tugend*

Die großartige Farbpalette der *P. sinensis* und die Tatsache, daß man sie sowohl drinnen (als Topfpflanze) als auch draußen (in feuchtem, saurem Boden) ziehen kann, sind der Grund, daß diese Pflanze sich von Nordchina aus so schnell verbreitet hat. Aus einer Rosette mittelgrüner, dicht am Boden befindlicher Blätter erheben sich dicke, ungefähr 30 Zentimeter hohe Stengel mit zwei oder drei Blütenwirteln. Die Blüten erscheinen von Spätfrühjahr bis Hochsommer im Garten, von Dezember bis März im Haus. Eine andere Art, die draußen leichter wächst, ist *P. flaccida*, die ursprünglich aus Yunnan stammt. Sie ist etwa genauso groß, hat graugrüne Blätter, aber duftende Blütenköpfe, deren lavendelviolette Glocken im Juni erscheinen. Es gibt auch eine Art von Rabattenprimeln, die zur Familie der Candelabra gehört – insbesondere *P. denticulata*, die »Kugelprimel« – und deren Farbpalette von Blaßlila bis Tiefpurpur und Rosa bis Dunkelkarminrot reicht. Laut Feng Shui sind sie für Steingärten und besonders für Plätze in Wassernähe gut geeignet. Sie gedeihen an Teichrändern und können zwischen Oktober und März gesetzt werden. Steht die Kugelprimel jedoch in einer gewöhnlichen Rabatte, müssen Sie darauf achten, daß sie immer regelmäßig gewässert und feucht gehalten wird.

Tigerlilie (Jyuaandan) *Lilium lancifolium* (Syn. *L. tigrinum*)
Element: *Yang*
Symbolik: *Stolz*
Aufgrund der traditionellen Verbindung des Tigers und des Drachens, die die Grundlage des Feng Shui bilden, wird *L. lancifolium* oder »Tigerlilie« – so ihr weitverbreiteter Name – von der alten Kunst sehr hoch geschätzt. In China, wo sie anfangs wuchs, wurden ihre Knollen als Nahrungsmittel gedünstet oder gekocht. Auch fand sie in der Medizin als Heilmittel gegen Magen- und Kopfschmerzen Anwendung. Die zurückgebogenen Blüten des Türkenbunds mit leuchtendorangen, schwarz-purpurn gesprenkelten Blütenblättern und ihren auffälligen Staubbeuteln mit dunkelrotem Blütenstaub heben sich deutlich von den spitzen, mittelgrünen Blättern ab. Die Tigerlilie sollte in der prallen Sonne in kalkfreiem Boden stehen, wo sie 0,6 bis ein Meter hoch wird und im August und September blüht. Die Pflanze läßt sich leicht durch die schwarzen Knöllchen, die sich in den Blattachseln bilden, oder durch Pflanzenteilung vermehren. Die nickenden Köpfe dieser Art gehören Feng Shui zufolge zu den besten *Chi*-Leitern, und bei keinem eifrigen Anhänger dieser Kunst darf eine Gruppe solcher Blumen im Garten fehlen – vielleicht als Hintergrundpflanze in einem Mischbeet oder einer Rabatte. Die Tigerlilie ist auch gut als Schnittblume geeignet und fördert zudem die Harmonie Ihres Zuhauses.

6. Die Energie der Bäume

»Wenn ein Zuhause keinen Garten und keinen alten Baum besitzt, kann ich mir nicht vorstellen, daß sich die alltäglichen Freuden des Lebens einstellen werden«, schrieb ein alter chinesischer Gartenbaukünstler namens Ch'en Hao-tsu. Seine Liebe zu Bäumen und Blumen brachte er in seinen Essays und Gedichten wunderschön zum Ausdruck, was ihm letztendlich den Beinamen »Der Blumeneremit« einbrachte. Als lebenslanger Feng-Shui-Anhänger bekannte er sich zu der Philosophie, daß Bäume Energiekräfte besitzen, die von Menschen, die sie hochachten, dazu benutzt werden können, um Harmonie und Wohlbefinden in ihr Leben und ihr Zuhause zu bringen.

Die Chinesen haben schon seit Urzeiten eine große Achtung vor Bäumen, denn sie glauben, daß sie, sobald sich ihre unterschiedlichen Grüntöne entfalten, in ihrer Umgebung private, abgeschlossene Räume entstehen lassen. Und wenn ihre Blätter und Zweige sich im leichten Wind wiegen und dabei das *Chi* leiten, erzeugen die Bäume sich beständig verändernde Bilder von Licht und Schatten, die gleichermaßen erfreuen und beruhigen. Mit anderen Worten, Bäume erweitern den Raum für den Menschen angeblich auf geheimnisvolle und magische Art.

Zahlreiche chinesische Philosophen haben die Rolle der Bäume in einem Garten ungefähr so wie die der Kleidung für Mann und Frau beschrieben. Sie können einige Bereiche hervorheben, andere in den Hintergrund treten lassen und an bestimmten Orten das Erscheinungsbild der darunterliegenden Formen völlig verändern. Wenn Bäume und Blumen ausgewogen und harmonisch miteinander kombiniert werden, kleiden sie den Garten in ein »Gewand«, wie es auch ein menschliches Wesen tragen könnte.

Vor langer Zeit galten Bäume als natürliche Hüter der Toten und, wie wir aus der Geschichte des alten China wissen, als unberührt, fast wie in den Tempelarboreta Ägyptens. Einer traditionellen Sitte folgend, umgab man Familiengräber mit Bäumen, die allmählich zu Hainen zusammenwuchsen. Man

Im Feng Shui heißt es, daß Bäume in einem Garten hervorragend Energie erzeugen können.

kann mit Fug und Recht sagen, daß viele Wäldchen in ländlichen Gegenden Chinas aus dieser Verehrung der Vorfahren und Toten entstanden sind.

China kann für sich in Anspruch nehmen, die Heimat des angeblich ältesten Baums der Welt zu sein, den es bereits in der Jurazeit gab. Den Lesern ist vermutlich der Weidenbaum mit seinen nach unten weisenden Zweigen bekannt, der in seiner Heimat China schon immer sehr beliebt war und allgemein als der Baum gilt, den man auf dem weltberühmten Porzellan-«Weidenmuster» sieht. Doch immer mehr Studenten der Orientalischen Geschichte glauben, daß der knorrige alte Baum auf dem Muster vielmehr der *Ginkgo biloba*, der Ginkgobaum, sein könnte. Dieser altehrwürdige Baum wurde als »lebendes Fossil« beschrieben, weil seine nächsten Verwandten nur in fossiler Form existieren.

Diese Datierung läßt vermuten, daß der Baum vor Millionen Jahren seine Glanzzeit hatte, zu jener Zeit in der Weltgeschichte, als riesige Reptilien wie die Dinosaurier die Erde bevölkerten. Erstaunlicherweise hat man den *Ginkgo* nirgendwo auf der Welt wild wachsend gesehen, obwohl er überall in China gezüchtet wird und besonders mit Palästen, Tempeln und anderen antiken Stätten in Verbindung gebracht wird. Oft bezeichnet man ihn als den ältesten Nußbaum der Welt, denn jahrhundertelang wurde er aufgrund seiner als »Weiß- oder Silbernüsse« bekannten Samen angepflanzt. Im Westen sieht man den Ginkgobaum inzwischen oft in Stadtparks, großen Stadtgärten und auf Kirchhöfen.

Im Feng Shui glaubt man, daß Bäume ganz allgemein eines der besten Beispiele für die transformierenden Kräfte der Natur sind und daß wir uns ihren Zauber immer vor Augen halten sollten. Während viele Menschen im Westen verständlicherweise darum bemüht sind, Bande zu anderen Menschen zu knüpfen, glaubt die alte Kunst, daß wir auch die Bedeutung von Bäumen in unserem Leben anerkennen sollten. Denn trotz der wachsenden Sorge um die Umwelt scheint es, als ob die Menschheit als Ganzes nicht in der gesamten Tragweite ermessen kann, wie sehr sie auf Bäume angewiesen ist und daß das Überleben der einen Art vom Überleben anderer abhängt. Diese Auffassung aber vertritt man im Feng Shui seit Jahrhunderten: daß nämlich gerade die Bäume eine lebendige Energie erzeugen, die das *Chi* eines jeden Gartens günstig beeinflussen kann.

Wir westlichen Menschen haben jedoch ein unterbewußtes Gespür für die Kraft der Bäume, meinen wir doch etwa abergläubisch , daß »dreimal auf Holz klopfen« Glück bringt. In China gibt es ebenfalls ein geläufiges Sprichwort, *Da shu zhe yin*, was soviel heißt wie »Ein großer Baum spendet Schatten«. Im Feng Shui hat man diese Idee noch weiter ausgeführt, um zu zeigen, daß Bäume aufgrund der ihnen eigenen Energie Menschen wie auch Gebäude vor schlechten Umwelteinflüssen schützen können. Stehen sie jedoch am falschen Ort, können sie das *Chi* so sehr blockieren, daß es Schaden anrichtet. Die *Yin-Yang*-Beziehung zu den Bäumen in unserer Umgebung ist ja ausschlaggebend für die Wirkung, die sie auf unser Leben haben. Um nur zwei einfache Beispiele zu nennen: ein verdorrter oder abgestorbener Baum, der auf derselben Linie wie die vordere Eingangstür eines Hauses steht, ist schlechtes Feng Shui, weil er *Sha* ausstrahlt, wohingegen ein Baum oder eine Baumgruppe, die mehr in den rückwärtigen Garten auf der Drachenseite (links) in der Nähe des Phönix (rechts) plaziert wird, das gute *Chi* im Garten festhält.

Im Feng Shui heißt es, daß den Menschen ohne Bäume die Luft zum Atmen fehlen würde (weil diese Kohlendioxid in Sauerstoff umwandeln), es keinen Regen für die Ernte gäbe (der durch Waldgebiete entsteht) und sie ohne das Holz der Bäume keine Unterkünfte bauen und sich nicht wärmen könnten. Hinzu kommt noch, daß die vielen verschiedenen Baumarten uns mit ihrer Schönheit erfreuen und uns Nahrung und Arznei liefern. Die ersten *xiansheng* zogen Parallelen zwischen Bäumen und Menschen, indem sie sagten, daß beide aufrecht auf der Erde »stehen« und ihre »Köpfe« in die Luft recken. Daß viele Bäume größer als wir sind und meistens länger leben, spricht zusätzlich für die Kräfte, die man ihnen zuschreibt.

Die alten Weisen machten auch Aussagen über die Fähigkeit der Bäume, das Wohlbefinden von Menschen zu verbessern, weil einige unter ihnen beachtliche Heileigenschaften besaßen. Weiden beispielsweise sollen den Blutdruck senken und die Blase stärken, während der Ahorn gut geeignet ist, um Schmerzen zu lindern. Der Taubenbaum (*Davidia*) gehört schon lange zu den Bäumen, die vor bösen Geistern schützen, und auf emotionaler Ebene sollen Pflaumenbäume beruhigend auf die Nerven wirken.

Heute ist tatsächlich wissenschaftlich erwiesen, was man im Feng Shui schon lange vorher erkannt hatte – daß Bäume negative Ionen aussenden, elektromagnetische Emissionen, die uns zu einem besseren Gefühl verhelfen können, wenn wir uns in ihrer Nähe aufhalten.

Michael Josh, ein ehemaliger Forschungswissenschaftler, der heute die Umweltorganisation Bridge Educational Trust in Cumbria, Großbritannien, leitet, hat das wie folgt erklärt: »Jedes Lebewesen ist von elektromagnetischen Feldern umgeben, es handelt sich also lediglich um Leitung. Wenn wir zuviel Energie aufgestaut haben, die uns Unwohlsein bereiten könnte, wird sie von dem Baum in die Luft aufgenommen oder durch die Wurzeln in den Erdboden absorbiert. Genauso kann uns ein Baum, wenn wir uns überlastet fühlen, eine Extraportion Energie senden. Ich glaube, es hat viele Vorteile, wenn man sich einfach mit dem Rücken an einen Baum lehnt.«

Feng Shui seinerseits behauptet, daß auch der Standort eines Baums in der freien Natur für die Wirkung auf Menschen und Orte entscheidend ist. Bäume, die in der Nähe von fließendem Wasser stehen, symbolisieren Bewegung und haben die Kraft, nachlassende Energie zu stützen; Bäume neben stehenden Gewässern hingegen können ein Gefühl der Ruhe entstehen lassen. Auch sollen alle Bäume, die auf ausgedehnten Feldern stehen, ein Symbol für Friedfertigkeit sein.

Eine alte westliche Darstellung zur Philosophie des Feng Shui, wie sie in China beim Pflanzen von Bäumen praktiziert wird, lesen wir in Sir William Chambers Buch *A Dissertation on Oriental Gardening* (1772), wo er schreibt, daß »ihre Pflanzung von vielen Regeln gelenkt wird, *die auf Vernunft und langer Beobachtung fußen*, von denen sie selten oder niemals abweichen«. Und weiter heißt es:

»*Die Perfektion von Bäumen für Ziergärten* besteht in ihrer Größe, in der Schönheit und der Vielfalt ihrer Formen, der Farbe und Eigenart ihrer Rinde, der Menge, der Form und des üppigen Grüns ihres Laubes, das sich schon Anfang Frühjahr zeigt und bis weit in den Herbst hinein hält; ebenso ihre Wuchsschnelligkeit und ihre Robustheit, mit der sie extreme Hitze, Kälte, Trockenheit oder Feuchtigkeit ertragen; darin, daß sie im Frühjahr oder Sommer nicht durch herabfallende Blüten Abfall produzieren; und in der Stärke ihrer Äste, die unbeschadet der Gewalt von Unwettern trotzen.

Die Perfektion von Sträuchern besteht nicht nur aus den meisten bereits oben erwähnten Besonderheiten, sondern auch in der Schönheit, Dauerhaftigkeit oder ihrer langen Blütezeit und in ihrem Aussehen vor und nach der Blüte. Es ist uns bewußt, sagen sie, daß keine Pflanze alle guten Eigenschaften besitzt, wählen aber diejenigen aus, die am wenigsten Fehler haben, und verzichten auf die, die in unserem Klima nur schwierig gedeihen.

Die Chinesen tadeln die außerordentlich große Abwechslung, die in den Gärten einiger europäischer Gärtner zu deren Freude herrscht; sie bemerken, daß eine große Vielfalt von Farben, Laub und Zweigwuchsrichtung nur Verwirrung stiftet und alle Proportionen zerstört, auf denen Wirkung und Pracht beruhen. Auch stellen sie fest, daß es unnatürlich ist; denn da sich in der Natur die meisten Pflanzen selbst aussäen, bestehen ganze Wälder meistens aus ein und derselben Baumsorte. Sie lassen zwar eine gewisse Vielfalt zu, verfahren aber bei der Wahl ihrer Bäume keineswegs unüberlegt, sondern legen größten Wert auf die Farbe, Form und das Laub eines jeden Baumes und kombinieren nur solche miteinander, die *miteinander harmonieren und zueinander passen.*

Die Chinesen stellen fest, daß einige Bäume nur für Dickichte geeignet sind; andere machen sich nur einzelstehend gut; und wieder andere sind für beide Fälle gleichermaßen geeignet. Die Bergzeder, Stechfichte, Grannentannen und alle anderen mit horizontal angeordneten Ästen sind ihrer Meinung nach als Dickichte ungeeignet, weil sie sich ineinander verzahnen und auch unangenehm auf die Pflanzen drücken, die sie stützen. Sie kombinieren diese Bäume mit horizontalen Ästen niemals mit der Zypresse, dem östlichen Lebensbaum, dem Bambus oder anderen aufrecht stehenden Bäumen; auch nicht mit der Lärche, der Trauerweide, der Birke, dem Goldregen oder anderen Bäumen mit herabhängenden Ästen, da sie der Ansicht sind, daß es sehr unschön aussieht, wenn sich ihre Zweige ineinander verschränken. Auch setzen sie weder den Trompetenbaum und die Akazie, die Eibe und die Weide, die Platane und den Sumachstrauch noch irgendwelche anderen heterogenen Sorten gemeinsam ein; andererseits kombinieren sie in ihren weitläufigen Wäldern die Eiche, die Ulme, die Buche, den tropischen Tupelobaum, die Sykomore (ägyptischer Maulbeerfeigenbaum), den Ahorn und die Platane, die Kastanie, den Walnußbaum, die Silberpappel, die Saure Limette und all jene, deren üppiges Laub die Wuchsrichtung ihrer Zweige verdeckt; auch kugelförmige Bäume passen gut zusammen, denn sie bilden durch ihre harmonische Farbkombination eine große üppige Grünfläche.«

Aus diesem Bericht geht ganz deutlich hervor, wie fest die Vorstellung von Harmonie damit verwoben war, wie die Chinesen ihre Bäume pflanzten. Feng Shui betont auch, daß Bäume in Gärten sanfte Umrisse haben sollten, mit deren Hilfe das Auge des Betrachters harmonisch durch die Landschaft geleitet

wird. Anmutigere Bäume – wie die Magnolien, der Ahorn und die Weide –
mit *Yin*-Charakter sollten in jedem westlichen Garten einen Ehrenplatz erhalten, um für gutes *Chi* zu sorgen; Bäume mit kantigen, eckigen Umrissen, wie
Koniferen, Tannen und Zypressen, werden von den Experten nur dann empfohlen, wenn jemand zufällig in einem gebirgigen Teil des Landes lebt.

Allgemein gilt, daß Bäume niemals zu dicht an einem Haus stehen sollten, nicht nur, weil sie zuviel Schatten werfen, sondern auch, weil sich die
Wurzeln unter dem Gebäude ausbreiten könnten, so daß es absackt. Dies
allein würde wahrscheinlich jedoch noch keinen Schaden anrichten, es sei
denn, der Baum wächst in schwerem Lehmboden, der bei anhaltender
Trockenheit schrumpft.

Feng Shui rät, ausgewachsene Bäume nur dann zu fällen, wenn es absolut
notwendig ist. Die Bäume stehen schon seit Jahren an ihrem Platz und haben
inzwischen vermutlich ihre eigene Beziehung zu dem *Chi* und der Art, wie es
um sie herumfließt, aufgebaut. Je älter und knorriger ein Baum, desto weniger
sollte sich ein Gärtner verleiten lassen, ihn zu beseitigen, weil er wie der verehrte *Ginkgo* einer alten Tradition zufolge Erdenergien fördert. Ist irgendein
Baum zum Dorn im Auge geworden, läßt man besser eine Kletterpflanze darüberwachsen, als zur Axt zu greifen – so die bewahrende Vorgehensweise des
Feng Shui, die von George Washington sicherlich begrüßt worden wäre.

Die höheren Bäume für einen Garten sollten ganz besonders umsichtig
ausgewählt werden, besonders bei einem kleinen Grundstück, denn wenn sie
zu hoch oder zu ausladend werden, nehmen sie allen darunter befindlichen
Pflanzen Platz weg. Einige Bäume können sehr schnell wachsen, ihre Äste
können auf Nachbars Grundstück übergreifen oder ihre Wurzeln Mauern
sprengen, so daß man, bevor man einen Baum pflanzt, einen erfahrenen Experten nach dessen Wuchseigenschaften befragen sollte. Da in den meisten
Gärten der Platz knapp ist, muß sich ein Baum sehr anstrengen, um sich zu
behaupten, und sollte idealerweise zu jeder Jahreszeit einen erfreulichen Anblick bieten – attraktives Laub im Frühling, Blüten und/oder Früchte im Sommer, eine schöne Herbstfärbung und grazile Zweige im Winter. Feng Shui hält
blühende Holzäpfel in dieser Hinsicht für besonders lohnend.

Bäume mit interessanter Rinde wie die Bungekiefer sind ebenfalls für den
kleineren Garten geeignet. Handelt es sich um eine immergrüne Pflanze,
wird sie für ein dauerhaftes Strukturelement sorgen, doch zu viele Immergrüne können ein Gefühl von Undurchdringlichkeit und Dichte hervorrufen,

was das *Sha* begünstigt. Die interessantesten Feng-Shui-Gärten sind zweifellos die, in denen eine Mischung aus Immergrünen und Laubbäumen und -sträuchern steht.

Denken Sie immer daran, daß überlegt plazierte Bäume dem Garten Obdach und Schutz bieten sowie seine *Chi*-Qualität verbessern. Pflanzt man sie versetzt an unterschiedliche Standorte, entschärfen sie insbesondere die geraden Linien von Mauern und Zäunen, die schlechtes Feng Shui darstellen.

Noch zwei Dinge zum Schluß, bevor wir uns der Liste mit Bäumen zuwenden, die aufgrund ihrer Feng-Shui-Eigenschaften empfohlen werden. Feng Shui spricht sich gegen Bonsais aus, weil es sagt, daß absichtlich gehemmtes Wachstum naturwidrig sei. Auch vertritt es die Ansicht, daß Zierobstbäume bessere *Chi*-Leiter sind als die normalen eßbaren Sorten – das freut vermutlich die Besitzer eines sehr kleinen Gartens. Trotzdem bin ich immer noch davon überzeugt, daß es einen Platz für einen Apfelbaum und vielleicht sogar für meinen Lieblingsbaum, die Aprikose, geben sollte.

Gartenbäume

Taubenbaum (Lirngtz-Muh) *Davidia involucrata*
Element: *Yin*
Symbolik: *Friedfertigkeit*
Die ausladende, pyramidenförmige *D. involucrata* ist wegen ihres Erscheinungsbildes in einigen Teilen Chinas als »Geisterbaum« bekannt, steht aber in dem Ruf, vor dem Bösen zu beschützen. Im Feng Shui heißt es, daß die leuchtendgrünen, herzförmigen Blätter mit ihrer seidigen Unterseite und den weißen Tragblättern, die wie ein Schwarm Tauben aussehen, die sich auf den Zweigen ausruhen (oder eine Versammlung von Geistern, ganz wie Sie wollen), äußerst wirksam vor schlechtem *Sha* schützen. Der ursprünglich in Mittel- und Westchina beheimatete Baum ist auch wegen seiner sich in feinen Flocken schälenden, rötlichbraunen Rinde und seiner unzähligen Blüten bekannt, die ihn ab Mai auffällig zieren, sobald er ein Alter von zehn oder mehr Jahren erreicht hat. Er kann eine Höhe von bis zu 15 Metern und eine Spannweite von zehn Metern erreichen. Vermehren läßt er sich aus Samen, und als Standort bevorzugt er eine schattige Stelle mit gut drainiertem Boden. Feng Shui zufolge macht er sich auf einem Rasenstück ausnehmend gut und eignet sich für eine *Yin-Yang*-Partnerschaft mit dunkleren, eher hochgewachsenen

Die Bäume in diesem Garten in Peking sind zur Erzeugung von gutem Chi besonders gut geeignet.

Bäumen wie beispielsweise der Kiefer. Die *D. involucrata*, die früher im Westen nur schwer erhältlich war, gibt es nun auch in Gartencentern, und sie wird mit ihren exotischen Blüten ganz sicher selbst den kleinsten Garten aufwerten.

Blasenstrauch (Huarngjin-Yuh) *Koelreuteria paniculata*
Element: *Yin*
Symbolik: *Robustheit*
Der Blasenstrauch mit seinen wunderschönen gelben, sternförmigen Blüten, die sich im Frühsommer öffnen, bewahrt seine Energie bis spät in den Herbst

hinein, während er papierartige Samenkapseln bildet. Feng Shui schätzt an diesem Baum seine Robustheit, zumal er in schwierigen Böden, unter schlechten klimatischen Bedingungen und sogar in verschmutzter Luft gedeihen kann. Tatsächlich ist er ein schöner Straßenbaum und läßt sich erfolgreich auch auf kargem Grund oder Rasen von schlechter Qualität ziehen. In jungen Jahren verzweigt sich *K. paniculata* nur wenig. Er hat eine hellbraune Rinde und mittelgrüne Blätter, die sich im Herbst gelb färben. Die Frucht des Blasenstrauchs befindet sich in einer papiernen Blase, die drei schwarze Samen enthält. Diese Blase färbt sich im Herbst auffallend rot. Der Baum nimmt beachtlich schnell ausladende Ausmaße an und erreicht eine Höhe und Spannweite von ungefähr zehn Metern. Man kann ihn aus reifen Samen, die man im Oktober sät, oder aus im März gewonnenen Ablegern ziehen. Die Sonne, die durch die Zweige eines ausgewachsenen Blasenstrauches glitzert, hat in den vergangenen Jahrhunderten schon so manchen Feng-Shui-Gärtner entzückt, erfreut er doch seine Seele und macht gutes *Chi* für sein Stück Land nutzbar.

Magnolie (Muhbii) *Magnolia denudata*
Element: *Yin*
Symbolik: *Duft*
Von den nahezu hundert Magnolien-Arten zählt die *M. denudata* mit ihren weißen, kelchförmigen Blüten und den mittelgrünen, ovalen Blättern, deren Unterseite weiß und flaumig ist, zu den duftendsten und aufsehenerregendsten. Die glatte, silbergraue Rinde und die gekrümmten Äste verbessern das Feng Shui dieses sehr beliebten Baumes, der eine endgültige Höhe und einen Kronendurchmesser von zehn Metern erreichen kann und von März bis Mai auffällige Blüten in Hülle und Fülle trägt. Ursprünglich stammt er aus Südwestchina, wo er oft neben dem Eingang zu einem Gebäude gepflanzt wurde, um gutes *Chi* zu leiten. Die Magnolie kann man im März in gut drainierten Lehmboden an einen passenden Standort setzen (stützen Sie sie einige Jahre lang mit Stangen ab) – dieser muß allerdings vor Nord- und Ostwinden geschützt sein. Die Samen sollte man von Oktober an in Torfkompost aussäen und zwölf bis 18 Monate wachsen lassen, bis die Setzlinge so frostunempfindlich sind, daß man sie draußen einsetzen kann. Diese Art wächst nicht schnell, ist aber, wenn man den Chinesen glaubt, im ausgewachsenen Zustand eine unvergleichliche Zierde für den Garten und der Stolz der Bewohner.

Ginkgo (Gung-Shu) *Ginkgo biloba*
Element: *Yin/Yang*
Symbolik: *Freundschaft*
Der uralte Ginkgo, von dem in diesem Kapitel schon die Rede war, ist ein
Laubbaum mit fächerförmigen grünen Blättern, die ein wenig an die einiger
Birnbäume erinnern. Feng Shui zufolge soll der Baum dem Besitzer des
Grundes, wo er steht, Freunde bescheren. Jeder Ginkgo ist entweder männ-
lich oder weiblich und kann eine Höhe von 30 Metern und einen Kronendurchmesser von 8 Metern erreichen, so daß er sich nur für größere Gärten
eignet. Belegt ist, daß diese Bäume erstmals in der Provinz Chekiang kultiviert wurden. Die männlichen produzieren dicke, gelbe Kätzchen, die Blüten des weiblichen Baums wachsen paarweise und erinnern an winzige, lang-
stielige Eicheln. Die daraus entstehenden Früchte haben die Form von
Pflaumen und eine glatte, blaßgrüne Schale, die sich im Herbst gelb und
anschließend braun verfärbt. Sie sind nicht eßbar. Der Ginkgobaum läßt sich
nur aus Samen ziehen, die ausgesät werden müssen, sobald sie reif sind. Das
sollte man nicht später als Oktober in einem unbeheizten Frühbeetkasten
oder im Treibhaus machen und sie dann im folgenden Oktober bis März an
einen warmen, sonnigen Standort setzen – allerdings ist der Baum so winterhart, daß er gemäßigte Kälte erträgt. Chinesische Gärtner empfehlen, den
jungen Baum drei oder vier Jahre wachsen zu lassen und ihn erst dann Anfang
April an seinen endgültigen Standort zu setzen. Bei mildem Klima gedeiht der
Ginkgo, der mit seinen unregelmäßig angeordneten Ästen und der rissigen,
kannelierten Rinde ein guter *Chi*-Leiter ist, besonders gut. Im Feng Shui wird
davor gewarnt, den Ginkgo zu stutzen, da verkürzte Schößlinge absterben,
gerade so, wie eine Freundschaft vergehen kann.

Grauer Ahorn (Hurng) *Acer griseum*
Element: *Yin*
Symbolik: *Erfolg*
Den Grauen Ahorn, der vor Jahrhunderten in Zentralchina entdeckt wurde,
sieht man heute in westlichen Gärten aller Größen, wo seine sich schälende,
dunkelrote oder dunkelbraune Rinde durch die grünen Blätter ergänzt wird,
die sich im Herbst rot und scharlachrot färben und damit dem Baum ein auf-
fallendes und vornehmes Aussehen verleihen Im Feng Shui gilt er als der
dekorativste aller Laubbäume, denn er verleiht jedem Garten etwas Stilvolles

und den Hauch von Erfolg und wehrt zudem schädliches *Sha* wirkungsvoll ab. Die kleinen, gelbgrünen Blüten öffnen sich im Mai und hängen in Trauben herab, und die Samen haben auffallende Flügel – laut Feng Shui ein Symbol für den Höhenflug des Erfolgs –, obwohl sie nur selten fruchtbar sind. *A. griseum* läßt sich aus im Oktober ausgesäten Samen ziehen oder von Oktober bis März in gut drainierten, feuchten Boden setzen. Damit die Blattfärbung voll zur Geltung kommt, sollte er an einem vor Herbstwinden geschützten Standort stehen. Es gibt auch den aus China stammenden, sogenannten Schlangenhautahorn, zum Beispiel *A. davidii* und seine Unterart *grosseri*, die aber größer und ausladender als der Graue Ahorn sind und im Herbst auch nicht so spektakulär aussehen. Auch dieser Baum braucht nicht zurückgeschnitten zu werden.

Schnurbaum (Taa-Muh) *Sophora japonica* ›Pendula‹
Element: *Yang*
Symbolik: *Stabilität/Lernen*
Der Laubbaum *S. japonica* wird von Feng Shui Gärtnern hin und wieder auch als »Gelehrtenbaum« bezeichnet, die in ihm ein Symbol für Stabilität und Lernen sehen. Die Varietät ›Pendula‹ war jahrhundertelang in den Prachtgärten Pekings sehr beliebt, wo ihre steif herabhängenden, als »Drachenklauen« bekannten Blütenstände natürliche Lauben bilden. Den Schnurbaum erkennt man an seinen Zweigen, die sich in einer Höhe von etwa zwei bis drei Metern über dem Erdboden am Stamm bilden und angeblich das *Chi* besonders gut leiten. Der Schnurbaum wächst langsam, aber sehr kräftig und kann eine Lebensspanne oder länger leben. Seine dunkelgrünen Blätter färben sich im Herbst gelb. Er hat vereinzelte winzige, weiße, erbsenähnliche Blüten (die erst auf mindestens 30 Jahre alten Bäumen, und nur im Hochsommer, erscheinen) und eine braune Rinde mit eher weidenähnlichen Rippen. Der Baum läßt sich im März oder April in jeden fruchtbaren, gut drainierten Boden an ein sonniges, vor Nord- und Ostwinden geschütztes Fleckchen setzen. Die Samen kann man zur selben Zeit in einem kalten Kasten oder Treibhaus aussäen und sollte sie, sobald sie groß genug sind, weitere drei Jahre wachsen lassen, bevor man sie irgendwann zwischen Oktober und März an ihren endgültigen Standort setzt. Feng Shui zufolge zieht der Schnurbaum soviel *Chi* an, daß man sich am besten zum Nachdenken und Lernen daruntersetzt.

Bungekiefer (Sung) *Pinus bungeana*
Element: *Yang*
Symbolik: *Nobilität*
Im Feng Shui gilt diese Kiefern-Art als Symbol für Nobilität und Integrität –
Nobilität, weil man sie immer mit Herrschern in Verbindung brachte, und
Integrität, weil sie im Winter nicht verkümmert und selbst unter widrigen
Umständen treu bleibt. Der Schriftsteller Li Li-weng verglich einmal einen
Garten ohne eine alte Kiefer mit einer Gruppe hübscher Frauen, denen ein
Mann fehlte, der sie in Fahrt brachte! Die Bungekiefer vermag Kälte zu
ertragen und wird dank ihrer meist niedrigen, oft buschigen Form in einem
kleinen bis mittelgroßen Garten als Gestaltungselement (insbesondere in
einem Steingarten) oder als Schutzbaum eingesetzt. Ursprünglich stammt
sie aus Nordwestchina, wird etwa 10 bis 15 Meter hoch und fünf bis sechs
Meter breit und hat dunkelgrüne, zu dreien stehende Nadeln, trübgelbe Blüten und braune, eiförmige, etwa fünf bis sieben Zentimeter lange Zapfen.
Ihre außergewöhnliche Rinde ist glatt, graugrün und olivbraun. Sie schält
sich und hinterläßt weiße Stellen, die sich zunächst gelb, dann blaßgrün, oliv-
grün, braunrot, purpur und purpurbraun färben – Feng Shui zufolge die
Schattierungen der Integrität. Die Samen kann man im März aussäen, die
Setzlinge dann im darauffolgenden Frühjahr einsetzen. Man läßt sie erst einmal zwei bis drei Jahre wachsen, bevor man sie an ihren endgültigen Standort
einpflanzt. Obwohl die Bungekiefer im Westen nicht leicht anzusiedeln ist,
gehört auch sie zu den Bäumen, die im Feng Shui wegen ihrer Energie geschätzt werden, die sie dem Garten schenken können Die größeren Kiefern-
Arten findet man naturgemäß in fast allen Waldgebieten der Welt, doch mit
einer Höhe von bis zu 40 Metern sind sie für einen normalen Garten wohl
eher ungeeignet.

Eberesche (Juhurng) *Sorbus hupehensis*
Element: *Yin*
Symbolik: *Jugend*
Dieser Baum, der manchmal auch – nach der Gegend in Westchina, wo sein
Vorkommen erstmals belegt wurde – Hubei-Eberesche genannt wird, ist
dafür bekannt, daß er in jungen Jahren stämmig und aufrecht wächst – Eigen-
schaften, nach denen Feng Shui zufolge alle jungen Menschen streben soll-
ten. Auch heißt es, seine silbrig-graugrünen, in Büscheln herabhängenden

Blätter, die sich ab Oktober rot färben, und die Blütenbüschel mit ihren schmal gestielten Kronblättern, gelber Mitte und purpurfarbenen Staubbeuteln seien gute *Chi*-Leiter. *S. hupehensis* erreicht eine Höhe und einen Kronendurchmesser von bis zu acht Metern. Wie jede Eberesche kann man auch diese Art zwischen Oktober und März an einen normalen, gut drainierten Standort setzen. Samen hingegen gewinnt man aus den Beeren im Oktober und sät sie in einem kalten Kasten aus, wo sie drei bis fünf Jahre bleiben, bis sie im Herbst an ihren endgültigen Standort gesetzt werden.

Seidenbaum (Rurnghua-Shuh) *Albizia julibrissin* var. *rosea*
Element: *Yin*
Symbolik: *Fleiß*
Zwar hat *A. julibrissin* var. *rosea* nichts mit der Gewinnung von Seide zu tun – Seidenraupen ernähren sich nämlich von den Blättern weißer Maulbeerbäume –, aber sie bringt seidige, pinkfarbene, kugelige Blütenbüschel hervor, die eher wie Puderquasten aussehen und dem Garten während der Blütezeit mitunter ein recht exotisches Flair verleihen. Im Feng Shui sagt man, die Ähnlichkeit des Baumes mit Seide bedeute, daß er ein Symbol für den Fleiß der Seidenraupen sei und besonders auf Menschen, die zu Hause arbeiten, inspirierend wirke. Die kugeligen Blüten und die fedrigen, farnähnlichen, mittelgrünen Blätter, die jeweils sich überlappende Blättchen haben, sind gute *Chi*-Leiter. Der Baum kann bis zu sechs Meter hoch werden, läßt aber mit seiner lichten Krone das Sonnenlicht hindurch, so daß das Gras darunter nicht verdorrt, falls er auf einer Rasenfläche steht. Man kann ihn im März in die pralle Sonne pflanzen, und er gedeiht auch problemlos in schlechtem Boden. Die Samen brauchen jedoch mindestens ein Jahr, um im Treibhaus zu wachsen, bevor die Schößlinge dann zur Auspflanzung im Garten bereit sind. Feng Shui zufolge eignet sich dieser Baum als Schattenspender in einem Innenhof und sorgt auch dafür, daß die Energie ungehindert in ein Haus oder eine Wohnung fließen kann.

Götterbaum (Tian-Muh) *Ailanthus altissima*
Element: *Yang*
Symbolik: *Schutz*
Dieser aus Nordchina stammende Baum schützt schon seit langer Zeit Gebäude vor schlechtem *Sha* – eine uralte Feng-Shui-Prämisse. Mit seinen kräf-

tig aufwärtsstrebenden Ästen, die eine hohe, unregelmäßig geformte Krone und leuchtende, dunkelrote Blätter tragen, die sich Mitte Juni entfalten, behauptet sich *A. altissima* selbst in schmutzigen Städten und bei schlechten Wetterverhältnissen. Die jungen Bäume haben eine glatte, graubraune Rinde mit weißen, eckigen Streifen, die sich mit zunehmendem Alter des Baumes dunkelgrau färben, und dunklen Streifen, die sich in feinen Schuppen ablösen. Dieser Baum wächst schnell. Man kann ihn im Herbst pflanzen, und er erreicht eine Höhe bis zu 25 Meter. Der Götterbaum gedeiht auch in magerem Boden, weil sich seine Wurzeln ziemlich weit ausbreiten können und dabei manchmal einen Wurzelausläufer in einiger Entfernung zum Baumstamm hervorbringen. Eine ähnliche, doch seltenere Art ist *A. vilmoriana*, die aus dem westlichen China stammt und dunklere Blätter mit tiefroten Blattspindeln hat.

Tulpenbaum (Yuhjin) *Liriodendron chinense*
Element: *Yang*
Symbolik: *Erhabenheit*
Der Tulpenbaum ist mit einer Höhe von 25 Metern und einem Kronendurchmesser von 12 Metern für den normalen westlichen Garten zu groß, wurde aber in Zentralchina, wo man ihn erstmals entdeckte, als schmucker, schnellwachsender Baum geschätzt, der einen Garten durch seine Erhabenheit verschönerte. Die dunkelgrünen, sattelförmigen Blätter sind, wenn sie sich im Mai entfalten, braun und färben sich im Herbst leuchtendgelb. Erst im Alter von 15 Jahren bringt dieser Baum Mitte Juli kelchförmige Blüten hervor – sie sind grün und haben gelbe Adern und ungefähr 50 Staubgefäße. Es heißt, der Tulpenbaum sei ein idealer *Chi*-Leiter, doch wer in unseren Breitengraden einen für seinen Garten sucht, müßte diese Art wahrscheinlich bei einer Spezialgärtnerei bestellen. Er sollte im Frühjahr an einer gut drainierten, sonnigen Standort gepflanzt werden.

Weide (Cheir-Lioou) *Salix babylonica*
Element: *Yin*
Symbolik: *Anmut*
Die Weide ist einer der berühmtesten Bäume der Welt und gilt auch im Feng Shui als der vermutlich beste *Chi*-Leiter in einem Garten. Lange war sie in China ein »Frühlingssymbol« (dort heißt sie manchmal auch *Liu*) und erhielt

ihren eigenartigen botanischen Namen *S. babylonica* im achtzehnten Jahrhundert von Carl Linné, der irrtümlich glaubte, es handele sich dabei um die Weide aus dem 137. Psalm, die an den Flüssen Babylons stand. Blätter, Wurzeln, Rinde und die zähe Flüssigkeit, die aus dem Baum austritt, werden allesamt von den Chinesen medizinisch genutzt, während man die dünnen Zweige früher zu Seilen und Körben verarbeitete. Im Feng Shui gilt die Weide als »Kraut der Unsterblichkeit«, weil sie aus dem kleinsten Zweig, den man in die Erde steckt, wachsen kann. Im Altertum schrieb man ihr übernatürliche Kräfte zu, denn während der T'ang-Dynastie verschonte der Rebellenführer Huang Ch'ao, der die Stadt Ch'ang-an plünderte, all jene Häuser, über deren Türe ein Weidenzweig hing. Die Geschmeidigkeit der Weidenzweige wurde oft mit der Taille tanzender Mädchen verglichen und stand später für sexuelle Freiheit und Prostitution. Aus diesem Grund pflanzten viele Chinesen in den rückwärtigen Teil ihres Gartens keine Weide, da sich dort die Räume der Frauen befanden. Im Westen nutzte man später die Heilkräfte des Baumes zur Herstellung von Aspirin, einer synthetisch hergestellten Form der schmerzstillenden Substanz, die dieser Baum enthält.

Die Weide, die bis zu zwölf Meter hoch und breit wird, hat ihren volkstümlichen Namen von den schmalen, blaß- bis mittelgrünen Blättern, die im Frühjahr erscheinen und sich dann an die Krümmungen der braunen Zweige anschmiegen und bis in den Herbst hinein das Auge erfreuen. Die flauschigen, zylindrischen Kätzchen sind silbriggrün, produzieren später jedoch gelben Pollen, wenn sich die Staubgefäße erweitern. Man sieht die Weide zwar oft an Flußufern und Parkteichen, doch wächst sie ebensogut in trockenem, feuchtem Boden und läßt sich im Herbst oder Anfang Frühjahr aus Ablegern pflanzen. Die Hybride *S.* × *sepulcralis* ›Chrysocoma‹ ähnelt dieser Varietät sehr stark, hat aber goldene Blätter. Einige Gartenexperten behaupten, sie wachse besser und sei nicht so anfällig für Brand wie der ursprünglich aus China stammende Baum.

Zier-Obstbäume

Mandelbaum (Shihngrern) *Prunus dulcis*
Element: *Yin*
Symbolik: *Glück*

Der früheste wilde Mandelbaum, *Prunus triloba*, mit seinen einfachen, pink-farbenen Blüten und grünen, in dichten Flaum gehüllten Früchten, die die bekannte braune Nuß enthalten, war den Chinesen schon vor vielen Jahrhunderten bekannt. Er wurde wegen der nahrhaften Nuß zum Glückssymbol, doch in Nordeuropa hat der Baum vorwiegend eine Funktion als Zierbaum, denn in kälteren Gegenden bringt er nur selten qualitätsvolle Nüsse hervor. Der gewöhnliche Mandelbaum, *P. dulcis*, erreicht eine Höhe und Spannweite von ungefähr acht Metern und ist von kräftigem Wuchs. Er hat eine nahezu schwarze Rinde, tief gefurchte, eher trübgrüne Blätter, aber große, pink-farbene Blüten, die im März und April büschelweise an den kahlen Zweigen erscheinen. Den Mandelbaum kann man aus Samen ziehen, doch Stadt- oder Vorstadtbewohner werden sich vermutlich eher für eine Zuchtpflanze entscheiden, von der sie im Frühjahr Ableger nehmen. Eine chinesische Variante, *P. glandulosa*, ist mit 1,5 Metern viel kleiner, kann jedoch mit ihrer buschigen Form, den schlanken Trieben und den weißen oder pinkfarbenen Blüten das Feng Shui eines Gartens verbessern, wenn man sie neben eine Rasenfläche oder einen Steingarten setzt.

Holzapfel (Shaguoo) *Malus spectabilis*
Element: *Yang*
Symbolik: *Pracht*

Der chinesische Holzapfel gilt als Mutterpflanze vieler eßbarer Apfelsorten, die es heutzutage gibt. Zwar werden Holzäpfel in erster Linie als Zierbäume gepflanzt, die Früchte lassen sich aber auch konservieren und werden in ihrer Heimat manchmal noch immer mit Fleisch, Gemüse und als Obstspeise zubereitet. Im Westen erregt der Holzapfel eher als hübscher Blickfang in der Mitte des Gartens die Aufmerksamkeit, und das bedeutet gutes Feng Shui, vorausgesetzt der Baum hat einen den Fünf Tieren entsprechenden Standort. Er verbessert den *Chi*-Fluß im gesamten Garten und schafft auch ein ruhiges, romantisches Fleckchen. Der chinesische Holzapfel sieht getreu seinem botanischen Namen und seiner Symbolik großartig aus mit seinen verschlungenen, herabhängenden Zweigen, die über und über mit rosig-pinkfarbenen Knospen bedeckt sind, die sich im Frühling zu halbgefüllten, leicht duftenden Blüten öffnen. Diese sind anfangs außen rosa, später reinweiß. Auf diese folgen die gelblichen, rot überhauchten Früchte, die im September und Oktober reif werden. Besonders diese Art kann bis zu zehn Meter hoch werden und ist damit für einen kleinen Stadtgarten ungeeignet.

Alle Holzapfelbäume gehören zu den frosthärtesten und pflegeleichtesten blühenden Bäumen; am besten gefällt ihnen ein sonniger Standort in gut drainiertem Boden. Man kann sie von Oktober bis März pflanzen und mulcht sie einmal jährlich im April. Holzäpfel kann man zwar aus Samen ziehen, aber es dauert gewöhnlich bis zu zehn Jahre, bevor sie blühen. Vor vielen hundert Jahren kamen die Feng-Shui-Experten zu dem Schluß, daß der Holzapfel, sofern ihm genügend Platz und Raum zur Verfügung stand, zu den wichtigsten Bäumen im Garten gehörte; Feng Shui zufolge sorgte da, wo genügend Platz vorhanden war, ein kleiner Hain aus Holzäpfeln unterschiedlicher, allesamt aus weiß-, pink- und rotblühenden Sorten bestehender Arten für hervorragendes *Chi* und eine sehr entspannende, harmonische Atmosphäre.

Aprikose (Shihng) *Prunus armeniaca*
Element: *Yin*
Symbolik: *Fruchtbarkeit*
Der Legende zufolge stellten die Chinesen einst eine »Aprikosengold« genannte Arznei her, die die Lebensdauer angeblich auf siebenhundert Jahre verlängerte! Sie ist in einem *Pent 'Sao* betitelten Buch beschrieben und besteht aus den beiden Fruchtkernen, die man von Bäumen an »günstigen Orten« gesammelt hatte – mit anderen Worten: Standorten, die aus Feng-Shui-Sicht als vorteilhaft galten. Heute wissen wir, daß Aprikosen gut gegen Anämie sind (sie enthalten nämlich geringe Mengen Kupfer) und daß die frischen Früchte so wertvolle Mineralien wie Phosphor und Kiesel enthalten. Aus den Aprikosenkernen wurden zahlreiche Liköre hergestellt, und die Chinesen verwenden oft das Öl dieser Frucht anstelle von Mandelöl. Die getrockneten Blätter kann man mit Tee mischen oder damit gezielt Husten lindern; im Osten verwenden die Damen die Blüten in vielen Kosmetika. Den Blütenblättern sagt man auch aphrodisierende Wirkung nach. Zwar läßt der botanische Name der Aprikose vermuten, sie stamme aus Armenien, doch angeblich hat man die ersten in Shansi gefunden, wo viele Legenden über diesen Baum

104

kursieren Konfuzius soll sich einen Aprikosenhain erwählt haben, in dem er viele seiner Werke schrieb. Feng Shui warnt davor, den Aprikosenbaum an eine nach Süden zeigende Mauer zu pflanzen, denn wenn er zu früh blüht, fällt er unter Umständen dem ersten Frost zum Opfer – am besten eignet sich eine Ost- oder Westmauer.

Der Baum wird etwa drei Meter hoch und ungefähr genauso breit und sollte von Oktober bis November in beliebigen fruchtbaren, gut drainierten Boden gesetzt werden. Wünscht man einen Spalierbaum, muß man ihn mit Draht an einer warmen, geschützten Mauer befestigen und eventuell etwas zurückschneiden, sobald er die gewünschte Höhe und Form erreicht hat. Die weißen, büschelartigen, manchmal rosa überhauchten Blüten erscheinen von Februar bis März, im August folgen dann die bekannten gelben, schwach rot angehauchten Früchte. Aufgrund ihrer goldenen Farbe und ihres Symbolgehalts, Fruchtbarkeit, ist die Aprikose mittlerweile in der Feng-Shui-Gartenbaukunst ein wichtiger Baum.

Süßkirsche (Yingtaur) *Prunus avium*
Element: *Yang*
Symbolik: *Zufriedenheit*
Das chinesische Feng Shui schreibt dieser Kirsch-Art schon seit Menschengedenken die Fähigkeit zu, Harmonie zwischen Geist und Körper zu erzeugen und gute körperliche Veranlagung zu schenken. Mit ihrem kräftigen Wuchs, ihren meist kugelförmigen, herabhängenden Blüten und Beeren ist *P. avium* ein hervorragender *Chi*-Leiter und die Mutterpflanze der meisten uns heute bekannten Süßkirschen. Der Baum kann bis zu 20 Meter hoch und zehn Meter breit werden. Die Blätter und Blüten öffnen sich gemeinsam im April, ab Juli färben sich die glänzend gelben Kirschen hellrot – und sind dann natürlich ein begehrtes Ziel für Vögel. Chinesischen Experten zufolge lassen sich die Bäume am besten aus Samen vermehren, da sie meistens länger überdauern, aber man kann auch im August oder September Stecklinge mit Rindenansatz in einen kalten Kasten setzen und im darauffolgenden Frühjahr auspflanzen. Der Kirschbaum braucht keinen regelmäßigen Rückschnitt, aber Sie können im Spätsommer ein oder zwei Äste entfernen, damit er seine runde Form behält.

Zwei weitere, von Feng Shui empfohlene chinesische Kirschbäume sind die frühblühende *P. conradinae* mit ihren duftenden, weißen oder pinkfarbenen Blüten und *P. serrula*, die schmale, eher an eine Weide erinnernde Blätter, hübsche weiße Blüten und eine ganz auffällige Rinde hat, die sich in Streifen ablöst und unter der eine glänzende, rotbraune neue Rinde zum Vorschein kommt. Mit Sicherheit gehört der Kirschbaum zu den schönsten Bäumen im Frühjahr. Seine Blüten sind nach einem trostlosen Winter Quelle der Inspiration. Die Frucht, die in China verzehrt und zu Arznei und Getränken verarbeitet wird, beugt angeblich dem »Verlust des Sehvermögens« vor.

Pfirsichbaum (Taur) *Prunus persica*
Element: *Yang*
Symbolik: *Unsterblichkeit*
Der chinesischen Volksweisheit und Legende zufolge verkörpert der Pfirsichbaum Fruchtbarkeit und Unsterblichkeit, während er im Feng Shui als Symbol des Frühlings, der Ehe und ebenfalls der Unsterblichkeit gilt. In einer Geschichte heißt es, daß ein Pfirsichbaum im Garten von Hsi Wang Mu, der »Muttergottes« der Taoisten, alle dreitausend Jahre zur Reife gelangte und seine Früchte denen, die sie aßen, das ewige Leben schenkten. Feng Shui behauptet, daß die blaßpinkfarbenen Blüten der *P. persica* die Kraft haben, schlechtes *Sha* abzuwenden, obwohl es ihn eindeutig als Baum für den rückwärtigen Garten bezeichnet, der niemals an der Vorderseite eines Hauses stehen sollte. In China werden die Fruchtkerne bei Magenbeschwerden gegessen, und die aus ihnen gewonnene Milch wirkt schlaffördernd und lindert Kopfschmerzen, wenn man sie auf der Stirn verreibt. Konfuzius war nur einer von vielen Chinesen, die glaubten, daß dieser Baum eine symbolische Botschaft an alle sandte, die ihn betrachteten: »Eure Eigenschaften haben, wie eure Reize, nicht ihresgleichen!«

Der acht Meter hohe und ebenso breite Zierpfirsich öffnet seine Blüten im April, und die gelbgoldenen Früchte werden ab Juli reif. Man kann ihn aus Samen ziehen, was allerdings nicht einfach ist. Am besten führen Sie ihn als junge Pflanze im Frühjahr ein und setzen ihn an eine sonnenbeschienene Mauer. Eine andere Art aus China, *P. davidiana*, dürfte etwas größer werden und muß, obwohl ihre einfachen, weiß- oder rosafarbigen Blüten sich mitunter schon im Januar öffnen, an einen geschützten Standort gesetzt werden. Feng Shui sagt, daß diese Art besonders förderlich sei, wenn man sie vor einen dunklen Hintergrund oder eine dunkle Ecke pflanzt, da die leuchtenden Blüten schädliches *Sha* abwenden, das sich hier sammeln könnte.

Birnbaum (Tzyy) *Pyrus calleryana*

Element: *Yin*

Symbolik: *Langlebigkeit*

Auch die Birne wird – allerdings nicht so häufig wie der Pfirsich – mit Langlebigkeit in Verbindung gebracht, weil man von Exemplaren weiß, die über 300 Jahre alt geworden sind. Zusammen mit dem Pfirsich und der Aprikose wird dieser Baum in China mehr wegen seiner Blüten als wegen seiner Früchte gezogen, und weil der berühmte, für seine Unparteilichkeit bekannte Herrscher von Shao immer unter einem Birnbaum saß, wenn er Recht sprach, wurde er auch zu einem Symbol für gute Staatsführung. Der Birnbaum ist ein wunderschöner Baum, dessen Form an eine umgedrehte Schale erinnert und der im Frühjahr unzählige schwere, weiße Blüten hervorbringt. Im Herbst setzen dann die glänzenden, dunkelgrünen Blätter das Farbschauspiel fort, indem sie sich schimmernd purpur verfärben – eine Farbe, die im Feng Shui, seit man sie in Nordchina erstmals sah, noch immer beliebt ist. Über seinem herrlichen Aussehen sollte man aber nicht vergessen, daß es sich um einen winterharten Baum handelt, der auch auf den schmutzigsten Stadtstraßen gut gedeiht.

Die Blüte des Birnbaums wurde als dem Holzapfel ähnlich beschrieben, und man sollte beide Bäume lieber nicht im selben Garten stehen haben. *P. calleryana* kann fast das ganze Jahr über einen hübschen Blickfang auf dem Rasen abgeben. Er erreicht eine Höhe und Breite von 15 Metern und sollte aus Ablegern an einem sonnigen Flecken vermehrt werden. Er kann sich an die meisten Standortbedingungen mit gut drainiertem Boden anpassen, eignet sich aber nicht für kleine Gärten. Die Birnen reifen im Herbst in Büscheln von kleinen, runden, braunen Früchten. Die meisten eßbaren Birnbaum-Sorten sind aus einer anderen Art, *P. communis*, entstanden, die vom Himalaya bis Südwestasien verbreitet ist. Eine ihrer Nachkommen, die süße, saftige ›Conference‹-Birne, die man im September pflückt und im Oktober ißt, hat eine spitz zulaufende Form, die laut Feng Shui ein guter *Chi*-Leiter ist.

Japanische Aprikose (Lan Hua) *Prunus mume*

Element: *Yang*

Symbolik: *Vitalität*

Der erlesen duftende *Lan Hua* ist bei den Chinesen seit dem Altertum beliebt, und da er sich in zwei Hauptklassen spaltete – Frühjahrs- und Herbstblüte – und merkwürdig unterschiedliche Blütenblätter hatte, entbrannte unter den Züchtern ein heftiger Konkurrenzkampf. Generationenlang wurden in Shanghai zweimal jährlich Schauen veranstaltet, die Hunderte von Mitstreitern anlockten, welche mit ihren erlesensten Blüten gegeneinander antreten wollten. Im Feng Shui heißt es, die Aprikose verheiße Frühling, neue Vitalität und Hoffnung, und das *Chi* eines Gartens lasse sich verbessern, wenn man sie in die Nähe eines Wasserelements pflanze. Jahrelang streuten die Chinesen die Blütenblätter der Aprikose auf ihre Flüsse in der Hoffnung, damit Wohlstand und Glück anzuziehen. Feng Shui empfiehlt, diesen Baum am besten in ein erhöhtes Beet (in China als *t'ai* bezeichnet) zu setzen und ihn mit einer kleinen Steinmauer einzufassen.

P. mume ist ein kleiner Baum mit runden, mittelgrünen Blättern und Büscheln blaßpinkfarbener Blüten, die Ende Winter oder Anfang Frühjahr an den schlanken Zweigen wachsen und manchmal bereits im Februar zur vollen Blüte gelangen können. Der Boden für diesen flachwurzelnden Baum sollte weder zu oft noch zu tief bearbeitet werden. Am besten pflanzen Sie ihn im Frühherbst, bei milden Wetterverhältnissen können Sie das auch im Winter bis in den März hinein tun. Die Zieraprikose liebt gut drainierten Boden, am besten mit einer Spur Kalk. Sie läßt sich aus Ablegern oder Samen vermehren. Aus Samen gezogene Bäume haben angeblich eine längere Lebensdauer. Ein Rückschnitt ist im allgemeinen nicht nötig, damit der Baum seine Form behält, die das *Chi* so gut leitet. Doch wenn Sie ihn nur wegen seiner Blüten ziehen, stutzen Sie ihn nach der Blütezeit, und schneiden Sie die alten Blütensprößlinge ab. Im kleinen Garten einer Erdgeschoßwohnung vereint die Zieraprikose Schönheit, Duft und gutes Feng Shui gleichermaßen.

7. Die Stärke von Bambus

Eine der vielseitigsten und wirkungsvollsten Pflanzen, mit denen Sie das Feng Shui eines Gartens verbessern können, ist der Bambus, der schon seit Urzeiten aus dem Alltag der Chinesen nicht mehr wegzudenken ist. Doch trotz seiner Assoziation mit dem Osten und tropischem Klima im allgemeinen läßt sich das Bambusrohr im milderen Klima des Westens ganz einfach ziehen und auf mannigfaltigste Art und Weise einsetzen – zu Dekorationszwecken, als Pflanzenstütze und als ideales Abschirmmaterial.

In China ist der Bambus beziehungsweise *baumuh* seit alters her als einer der »Drei Freunde des Winters« bekannt – die beiden anderen sind die Kiefer und die Aprikose, die auch an kahlen Ästen sogar im Schnee blühen können – und hat starke *Yang*-Qualitäten. Diese Stärke spiegelt sich in einem alten chinesischen Sprichwort wider: »Der Palast hat sich erhoben, so fest wie die Wurzeln des Bambus.« Konfuzius sah in dieser Pflanze, die sich im Wind bog, doch niemals umknickte, das Symbol für den wahren Kavalier. Der berühmte Kaiser Ch'ien-lung behauptete, daß er beim Anblick von Bambus an Tugend denke. Daher überrascht es nicht zu erfahren, daß Bambus von den Chinesen seit Jahrhunderten als Schutz vor bösen Geistern und den unbarmherzigen Elementen verwendet wird. Auch im Feng Shui kam man schon früh darauf, schädliches *Sha* mit einem Zaun aus *Baumuh*-Rohren und einer runden Schale aus geflochtenen Bambusblättern von einem Anwesen fernzuhalten.

Der Bambus, der den meisten Chinesen als »Diener für alle Arbeiten« gilt, wurde als Grundgerüst für Häuser, bei der Herstellung von Betten, Tischen, Stühlen und Regalen sowie Hunderter anderer kleiner Haushaltsgegenstände verwendet. Man kann daraus Kleidungsstücke anfertigen, ihn als Speise zubereiten und als Arznei verabreichen. Mit Pflanzenspänen stopft man Kissen und Matratzen aus, während die Rohre zu allen möglichen Gegenständen – Behältern, Tierkäfigen, Blumenständern, ja sogar Gartengeräten – verarbeitet werden.

Ein Bambusgitter kann Haus und Garten wirksam vor schlechtem Sha schützen, wie man auf dieser Zeichnung eines chinesischen Gebäudes erkennt.

Will man der chinesischen Tradition glauben, so befindet sich in den Hohlräumen zwischen den Knoten gewisser Bambus-Arten (besonders der *Melocanna bambusoides*) eine Substanz, die aus Kieselerde, etwas Kalk und organischen Inhaltsstoffen besteht. Daraus stellt man die berühmte chinesische Arznei *Ta-*

bashir her. die angeblich alle Beschwerden heilen kann. Einem alten Aberglauben zufolge soll es ein schreckliches Unglück geben, wenn der Bambus einmal blüht – und das war sicherlich in Hongkong der Fall, kurz bevor 1894 eine schreckliche Seuche im Land wütete. Kurz darauf folgte der vernichtende Chinesisch-Japanische Krieg. Über alle bemerkenswerten Eigenschaften dieser Pflanze schreibt A.B. Freeman-Mitford in seiner Studie *The Bamboo Garden* (1896): »Haus, Möbel, Kunst, Kleidung, Waffen, Nahrung und Arznei – was liefert diese wunderbare Pflanze nicht alles – und ist dabei auch noch so billig!«

Die unter der Bezeichnung Bambus bekannte Pflanzengruppe gehört zur Familie holziger mehrjähriger Gräser, den *Gramineae*. Beachtenswert ist ihre ungeheuer große Vielfalt, was ihren Umfang und ihre Größe betrifft, angefangen bei ganz kleinen bis zu riesig großen. Die runden Triebe sind hohl und haben Knoten, ihre Farbe reicht von Hellgelb bis Tiefschwarz. Noch heute ist China führend in der Produktion der für die Gartengestaltung so wichtigen Gartenbambusse. Direkt nordwestlich von Kanton gibt es ein mehr als hundert Quadratmeilen großes Gebiet, auf dem ausschließlich eine Bambusart namens *Pseudosasa amabilis* angebaut wird. Dort werden mehr als 80 Prozent der Gartenbambusse gezüchtet, die es auf der Welt gibt. Diese Rohre sind nach drei Jahren ausgewachsen, werden aber manchmal schon

Der Schwarzrohrbambus Phyllostachys nigra *erfreut sich immer größerer Beliebtheit und sorgt in einem kleinen Garten für besonders gutes Feng Shui.*

nach zwei Jahren abgeschnitten, damit man die Nachfrage befriedigen kann. Wenn Sie Bambusrohr in einem Gartencenter kaufen, sollten Sie sein Alter bestimmen oder den Bambus wenigstens genau befühlen, da die jüngeren oft noch schwach sind und sich beim ersten Gebrauch unter Umständen verbiegen.

Den Bambus gibt es in fast ebenso vielen verschiedenen Varietäten, wie er Formen und Größen hat. Bambus der Sorte *Phyllostachys* gelten jedoch gemeinhin für den Einsatz im Westen als am besten geeignet – entweder aus Saatgut und Ablegern gezogen oder durch Teilung gewonnen –, da sie in unseren Klimazonen üppiger gedeihen als die Sorte *Fargesia*, die sehr empfindlich auf Wetterumschwünge reagiert. Das berühmteste Beispiel ist *Fargesia muri-elae* mit vier Meter hohen grünen Stämmen, die von Gartenexperten noch bis vor kurzem empfohlen wurde, bis dann Exemplare auf der ganzen Welt auf geheimnisvolle Weise nach der Blüte abstarben. Das führte dazu, daß Züchter sich weigerten, diese Pflanze weiterhin anzubauen. Doch all das ist für uns nur von Vorteil, da *Phyllostachys* auffälliger und dekorativer ist und in der Philosophie des Feng Shui als überlegen gilt. Nachfolgend sind die sechs beliebtesten, vom Feng Shui empfohlenen Arten aufgeführt, die ein Gärtner sich aus Saatgut oder einem Ableger ziehen könnte:

Phyllostachys aureosulcata ›Spectabilis‹
Eine leicht erkennbare, sehr winterharte Art. Die Stämme sind gelb und auf beiden Seiten der Pflanze verläuft zwischen den Gelenken ein auffälliger grüner Streifen nach unten. Das Gelb verfärbt sich Orange, wenn der Bambus in der prallen Sonne steht. Diese Art ist sehr beliebt bei Gärtnern, die Blumenarrangements gern mögen, da sie sich als Begleitpflanze mit den unterschiedlichsten Blüten kombinieren läßt.

Phyllostachys bambusoides ›Castilloni‹
Eine weitere, etwas dunkelgelbere Art, die ebenfalls zwischen den Gelenken einen grünen Streifen aufweist. Der Nachteil von ›Castilloni‹: sie ist nicht so winterhart wie ›Spectabilis‹, und die jungen Sprößlinge sind anfällig für Frühjahrsfröste.

Phyllostachys propinqua

Schnellwachsende Art mit kompakten Stämmen und üppiggrünen, glänzenden Blättern. Besonders natürlich wirkt diese Art, wenn Sie mehrere davon zusammen pflanzen. *P. propinqua* kann in drei Jahren über vier Meter und im besten Fall doppelt so hoch werden.

Phyllostachys nigra

Dies ist der berühmte und immer beliebter werdende Schwarzrohrbambus, der Feng Shui zufolge für einen Kleingarten absolut ideal ist. Er wächst in kleinen Gruppen bis etwa vier Meter hoch und wuchert nie. *P. nigra* sollte in der prallen Sonne stehen, damit sich die anfangs blassen Stämme schwarz verfärben. Die Farbe wird nämlich intensiver, sobald die Pflanze ausgewachsen ist. Daher sollten Sie während der Wachstumsphase die älteren, äußeren Stämme abschneiden, damit die Sonne die im Inneren befindlichen schwarz färben kann.

Thamnocalamus crassinodus

Eine Bambus-Art mit ganz anderer Farbgebung, nämlich abwechselnd weißen und hellgrünen Trieben zwischen den Gelenken. *T. crassinodus* ist eine sehr aufrecht stehende, kompakte Varietät, die über drei Meter hoch werden kann und, wie man mir sagte, bei zahlreichen europäischen Landschaftsgärtnern sehr beliebt ist.

Chusquea breviglumis

Eine robuste, tiefgrüne Art mit dicken Stämmen, die sich ideal für die Pflanzung eines Dickichts oder Wäldchens eignet. Feng-Shui-Experten sagen, daß *C. breviglumis* die ideale Pflanze für den Rand eines gewundenen Pfades sei, da durch sie das *Chi* im ganzen Garten zirkulieren kann.

Da die meisten Bambusse schnell wachsen, können sie den Garten während ihrer Wachstumsphase verschönern und nach Beendigung derselben praktisch genutzt werden. Es gibt beispielsweise Schätzungen, denen zufolge ein Hektar Land zwischen zehn bis 25 Tonnen Bambusholz pro Jahr erbringen kann. Aber da es in unserem Buch mehr um Qualität als Quantität geht, wollen wir nun ein paar Pflanzen näher betrachten, die die Landschaft eines Feng-Shui-Gartens mitgestalten.

Baumuh läßt sich mit zufriedenstellendem Erfolg aus Saatgut ziehen und sollte gesät werden, solange die Samen sehr hart sind. Idealerweise stellt man sie im August in einer Anzuchtschale ins Freie. Die Sämlinge werden dann sozusagen vor Ihren Augen anfangen zu keimen! (Wollen Sie die Sprossen essen, schneiden Sie sie ab, sobald sie aus der Erde spitzen – die kleinen Triebe verholzen schnell, wenn sie etwas über die Erdoberfläche hinausragen.)

Wählen Sie für den Bambus einen windgeschützten Standort, denn schlechtes Wetter schadet dem Laub, besonders im Winter. Die noch jungen Pflanzen sollten regelmäßig gegossen werden, da sie absterben, wenn man sie vertrocknen läßt. Ein Bambus kann eine Trockenperiode nur dann überleben, wenn er sich richtig eingewöhnt hat.

Der Bambus dankt es Ihnen auch, wenn Sie ihm schon früh im Jahr Nährstoffe zuführen. Warten Sie damit aber nicht zu lange, sonst hält die Wachstumsperiode zu lange an, und die Triebe fallen dann leicht den Winterfrösten zum Opfer. Die Qualität der Pflanze können Sie mit einem guten Mulch im Frühjahr verbessern, wenn die neuen Schößlinge sprießen.

Sie sollten auch darauf achten, ob die ersten Bambusstämme schlaff nach unten hängen. Schneiden Sie sie keinesfalls ab, denn die Rohre werden erst im Lauf der Wachstumsperiode dicker und höher. Wenn im Folgejahr die meisten Rohre aufrecht stehen und hochgewachsen sind, können Sie die älteren, krummen Stämme abschneiden.

Denken Sie immer daran, daß Bambus in unseren Breiten nicht heimisch ist. Es könnte also eine Zeitlang dauern, bis er sich in Ihrem Garten etabliert hat, vor allem, wenn Sie nicht den üppigen Lehmboden haben, den er so liebt. Wenn Sie Zweifel haben, sollten Sie lieber eine Pflanze kaufen, die schon ein oder zwei Jahre alt ist. Diese besitzt bereits genügend Energie, um genauso zu gedeihen wie in den rauhesten Gegenden Chinas.

Falls Sie weder den Platz noch den Wunsch haben, Bambus zu ziehen, könnten Sie sich trotzdem bei einem Lieferanten vor Ort Rohre besorgen und daraus Gegenstände herstellen, die das Feng Shui Ihres Gartens fördern, zum Beispiel Gitter, Abschirmungen und vielleicht sogar eine Loggia.

Es gibt zwar eine alte, aus dem Europa des vierzehnten Jahrhunderts stammende Abbildung von Gitterwerk – sie zeigt ein Liebespärchen in einem Garten, der von einem niedrigen Zaun mit diagonaler Verstrebung umgeben ist, über den Kletterrosen ranken –, doch die Chinesen stützten schon zweihundert Jahre vorher ihre Rosen mit freistehenden Konstruktionen ab. Heute

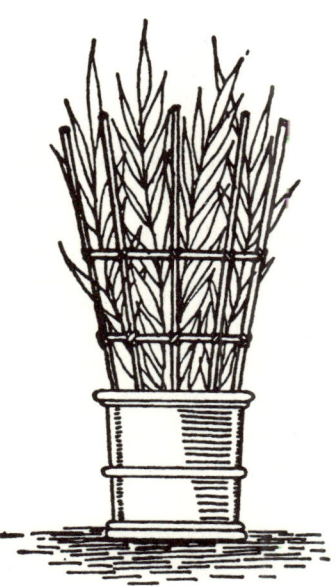

Pflanzenstützen aus Bambusrohren – ja sogar jungen Bambusschößlingen! – verbessern das Feng Shui des Gartens unabhängig von seiner Größe.

bezeichnen wir Westler das ausgehende 17. und den Anfang des 18. Jahrhunderts als Blütezeit des Gitterwerks. Damals kam die Kunst der *Treillage* in Frankreich auf. Bei dieser Art der Blumendarbietung setzte man einfallsreich Alkoven, Bogengänge und Türen ein.

Am häufigsten sah man sie in den großartigen Schloßgärten, besonders in Versailles, dennoch hat sich diese Tradition – wenngleich in bescheideneren Proportionen – erhalten, überlebt und man darf ruhig sagen, daß sich das Aussehen eines kleinen Gartens durch Gitterwerke sehr ansprechend verwandeln läßt.

Im Feng Shui gelangte man zu dieser Einsicht schon viel früher. Allerdings dienten die Gitter hier nicht dazu, dem Wuchs von Rosen oder anderen Kletterpflanzen Einhalt zu gebieten oder ihn zu formalisieren, vielmehr sollten diese sich natürlich darüberranken und den ungehinderten *Chi*-Fluß erleichtern. Mit Bambusrohren kann man auch Trennwände oder gar eine Abschirmung um einen Patio bauen, wodurch der Garten größer erscheint, als er ist.

115

Daneben entsteht eine geschützte Privatsphäre. Das ist gutes Feng Shui, solange sich Einzelteile einer solchen Konstruktion auf der Rückseite befinden, damit der Eindruck einer durchgehenden, wogenden Bambuswand entsteht, über die das *Chi* strömen kann. Daran sollten Sie unbedingt denken, wenn Sie in Ihrem Garten ein Gitter aufstellen. Vergessen Sie auch nicht, daß Bambus gegenüber den vorgefertigten, oft minderwertigen Holz- oder unansehnlichen Plastikgittern, die es üblicherweise im Handel gibt, mehrere Vorteile hat.

In mehreren Gärten in der westlichen Welt habe ich Bambuskonstruktionen gesehen, die sich leicht aufstellen ließen und die notwendige Stütze für Kletterpflanzen boten. Alle bestanden aus dünnen Bambusrohren, die zu einem Gitterwerk mit diagonalem Muster zusammengefügt waren. In zwei Fällen hatte man die Wände hinter den Bambusrahmen weiß gestrichen, so daß sie einen attraktiven Hintergrund für Feng-Shui-geeignete Blumen wie Rosen und Glyzine bildeten. Davor wuchsen zahlreiche andere Energiespender, darunter Astern und Chrysanthemen. Direkt an einem der Gitter, die ich gesehen habe, stand sogar eine Gruppe Schwarzrohrbambus, *Phyllostachys nigra*, was offensichtlich seine Wirkung auf das *Chi* verdoppelte.

Doch selbst in einem sehr kleinen Garten müssen Sie auf Bambus nicht verzichten, denn er eignet sich auch hervorragend als Topfpflanze, und aus seinen Rohren können Sie hübsche Stützen für andere Kübelpflanzen machen, wie auf der Abbildung Seite 115 zu sehen ist. In chinesischen Keramiktöpfen sehen Bambuspflanzen sehr typisch aus – wenn Sie sie überlegt mit Ihrer Haustür oder den Fenstern kombinieren, können sie das *Chi* wirksam kanalisieren. Auch kann in Kübel gepflanzter Bambus nicht den ganzen Garten überwuchern, was er natürlich oft tut, wenn man ihn nicht ständig im Auge behält.

8. Freude durch Gartenteiche

Teiche und Steingärten sind zwei weitere Merkmale der modernen Gartengestaltung, die jeden Garten verzaubern können. Wir haben sie der Philosophie des Feng Shui und den Experimenten chinesischer Gärtner zu verdanken, die diese vor vielen Jahren machten. Die Idee, im Garten einen Teich anzulegen, ergab sich aus der Tatsache, daß Wasser für den Menschen eine lebenswichtige Rolle spielt, während sich in einem Steingarten die Liebe der Menschen zu den Bergen ablesen läßt, die in ihren Augen Schutz und Sicherheit symbolisieren. Beide Merkmale gelten auch als wichtige Kanäle für die Erdenergien eines Gartens, das *Chi*. Der Ausdruck »Teiche ausheben und Berge aufschichten« bedeutete in China lange Zeit dasselbe wie »einen Garten anlegen«.

Der englische Historiker H.N. Wethered erahnte etwas von diesem Zauber, als er in seinem Werk *A Short History of Gardens* (1933) über China schrieb: »Die Menschen leiten Flüsse durch ihre Gärten um und erschaffen dadurch Miniatur-Wasserfälle, und sie heben Erde für künstliche Teiche aus, um die Geister des Windes, der Luft und des Wassers einzuladen ... Auch Berge sind nach Meinung der Chinesen verehrungswürdig, da sie einen günstigen Einfluß auf das Leben des Menschen ausüben; und Berge in einem Garten, und seien sie auch nur so groß wie Maulwurfhügel, haben eine symbolische Bedeutung, die Glück verheißt ...«

Der chinesische Schriftsteller Yang Hung-hsien ging in seinem wunderbaren philosophischen Werk *Wen Wu* (1957) noch einen Schritt weiter: »Vor allem sorgt Wasser für die milde, angenehme und trotzdem lebhafte Atmosphäre, die der eigentliche Sinn und Zweck eines Gartens ist, da es den Geist am besten belebt. Nichts erzeugt genau dieselbe ruhige Wirkung besser als ein Teich, an dem sich ein einsamer Besucher dem Raum gegenübersieht und sich göttlich an seiner reinen Fläche erfreut.«

Gerade die Bedeutung der Worte *Feng Shui* – Wind und Wasser – ist ein deutlicher Hinweis darauf, wie wichtig sie in dieser alten Kunst und insbeson-

117

Wasser galt beim Feng Shui eines Gartens, unabhängig von dessen Größe, schon immer als sehr wichtiges Element.

dere im Garten sind. Denn nicht ohne Grund erinnert der Laut des chinesischen Wortes für *Chi* sehr stark an das Wort für »Fluß«. Steine wiederum unterscheiden sich von Wasser so sehr wie *Yin* von *Yang*, obwohl beide untrennbar miteinander verbunden und aufeinander angewiesen sind, um Ausgewogenheit und Harmonie zu erzeugen.

Die weisen Männer, die dafür verantwortlich waren, die Kräfte des Feng Shui näher zu bestimmen, kamen durch die Beobachtung der sie umgebenden Elemente, besonders Wind und Wasser, zu einer ihrer wichtigsten Schlußfolgerungen. Für sie stand fest, daß das *Chi* überall um sie herum so zirkulierte, wie Rauch von einem Lüftchen getragen wurde und Wasser an einem Fluß kam und ging. Die moderne Wissenschaft akzeptiert mittlerweile, daß die Chinesen aufgrund ihrer eingehenden Betrachtungen die Funktionsweise von Konvektionsströmen bereits verstehen konnten, lange bevor dieser Bereich der Physik im Westen wissenschaftlich anerkannt wurde.

Feng Shui besagt, daß Bäche, Flüsse, Seen, Tümpel, ja auch kleine Teiche – also alle Formen von Wasserläufen – potentiell gute *Chi*-Leiter sind. Aber das Wichtigste dabei ist, *wie* das Wasser fließt. Ein Bach, der sich in natürlichen Windungen durch die Landschaft schlängelt, oder ein See, der sich selbst sein geschwungenes Ufer bildet, kann den Fluß der natürlichen Energien besser leiten als ein gerader Wasserlauf oder einer mit scharfen Knicken, weil dadurch das kostbare *Chi* »wegläuft« und sich zerstreut.

Im Westen gingen die Wasserbehörden dazu über, Flüsse und Abwasserkanäle zu begradigen. In China hingegen ist man darauf bedacht, das Wasser einem natürlicheren Lauf folgen zu lassen, selbst bei der Bewässerung von Reisfeldern. Kürzlich sah ich in der ehemals britischen Kolonie Hongkong ein hervorragendes Beispiel für die Wirkungsweise dieses Feng Shui. Dort traf ich zufällig auf eine Reihe von ehemals begradigten Flußläufen, die jetzt gewunden angelegt und umgeleitet wurden, so daß sie hufeisenförmige Wassergräben bildeten. Diese Krümmungen, so erfuhr ich, hatten den *Chi*-Fluß verstärkt und die Qualität des dortigen Ackerlandes verbessert.

Auch waren die Chinesen davon überzeugt, daß Wasser ein Symbol für Wohlstand und Status sei. Dies ist ein weiterer Grund, weshalb ein sanft fließender Fluß gegenüber einem schnellfließenden einen Vorteil hat, da er das *Chi* in dieser Gegend bewahrt, statt es fortzutragen. Und ein Wasserlauf, der sich um ein Anwesen windet, sorgt angeblich dafür, daß den Bewohnern

119

fortwährend Glück zufließt. In London entstand aus den als Wohngebiet eröffneten Docklands entlang den Themseschleifen eine besonders begünstigte Gegend, die bei all jenen sehr gefragt ist, die an Feng Shui glauben. (Übrigens soll – der alten Kunst zufolge – ein Wasserlauf, der direkt aus östlicher oder westlicher Richtung auf ein Grundstück zufließt, günstiger sein als ein aus Norden oder Süden kommender.)

Traditionsgemäß sollte Wasser immer an der Vorderseite eines Gebäudes vorbeifließen. In China bürgerte es sich ein, daß die Grundstücksbesitzer vor der Eingangstür Zierteiche anlegten. Wo dies nicht möglich war, konnte man laut Feng Shui entweder vor oder hinter dem Haus ein Wasserelement integrieren, solange es eine Biegung in Richtung Haus machte. Damit sollte der Eindruck erweckt werden, daß der Teich das Zuhause miteinbezog und ihm gutes *Chi* schickte. Keinesfalls aber durfte die Krümmung eines Teiches von einem Gebäude wegzeigen, denn das erzeugte schlechtes *Sha*.

Daß Gartenteiche in China schon angelegt wurden, bevor diese Idee bis in den Westen vorgedrungen war, entnehmen wir einem Bericht Marco Polos über einen Zierteich in den Palastgärten des Khublai Khan in Cambalu, die er auf seinen Reisen (1271 bis 1295) sah. Tatsächlich erwähnt er, daß es in den Gärten reicher Kaufleute mehrere Wasserflächen gab, die im Schatten von an Miniaturberge erinnernden Steinbrocken lagen. Am Rand standen irdene Gefäße, die unter anderem mit Bambus, Azaleen und Hortensien bepflanzt waren, sowie eine Holzbank, auf der der Hausherr sitzen und sich am Anblick des sich stetig verändernden Himmels und am Spiegelbild seiner Umgebung im Wasser erfreuen konnte.

Mit diesen Teichen wollte man das großartige Seenpanorama eines Ortes mit idealem Feng Shui nachahmen. Wie flach sie auch waren, sie erweckten den Eindruck von Tiefe und Entfernung, weil sie die Gebäude spiegelten und dafür sorgten, daß das *Chi* zirkulieren konnte.

Im Feng Shui heißt es, daß sich der Energiequotient eines Gartenteichs erhöhen läßt, wenn man Fische oder auch eine Sumpfschildkröte hineinsetzt. Besonders empfehlenswert sind gold- und silberfarbene Fische – sie symbolisieren wertvolle Münzen. Daher hielten sich viele Chinesen jahrhundertelang kälteunempfindliche Sumpfschildkröten neben ihren Wasserelementen. Die Sumpfschildkröte kann als kaltblütiges Reptil lange Zeit im Wasser überleben und gilt als Symbol für langes Leben und Stabilität; wer sich eine solche hält, kann damit sein Glück verlängern.

Ein anderes chinesisches Sprichwort besagt, daß ein Garten ohne Wasser wie ein Körper ohne Blut sei. Feng Shui geht sogar noch weiter mit der Behauptung, ein stehender Teich reiche nicht aus, da erst durch einen Springbrunnen oder eine mechanische Pumpe aktiviertes Wasser die Bewegung des *Chi* fördere. Fließendes Wasser wertet die Umgebung auf und bannt schädliche Einflüsse wie Alltags- und Autolärm. Als Symbol für den Geldfluß kann es sich auch als sehr vorteilhaft für ein Anwesen erweisen, auf dem sich eine Firma niedergelassen hat.

Nachfolgend einige Tips, wie Sie einen Gartenteich anlegen können, der dem Auge genügend magische Momente bietet, Kleinlebewesen wie Vögel, Libellen und Frösche anlockt und die Forderungen des Feng Shui erfüllt.

Am einfachsten läßt sich solch ein Teich aus Polyethylenfolie herstellen, weil sie fest, haltbar, flexibel und in fast jeder Größe erhältlich ist. So können Sie selbst bestimmen, wie der Teich aussehen soll, und sich gemäß den Feng-Shui-Richtlinien für eine Nierenform wie das *Yin-Yang*-Symbol entscheiden, die das *Chi* gut leitet. Geeignet ist auch eine Rechteckform, die an das chinesische Schriftzeichen *kou* erinnert, das »Mund« bedeutet und Menschen und die Nachwelt symbolisiert. Zur Berechnung der benötigten Folie zeichnen Sie die Teichform auf, messen die maximale Länge und Breite aus, addieren dann jeweils zweimal die maximale Tiefe und geben noch 30 Zentimeter für die überlappenden Enden an den Rändern hinzu. Besorgen Sie die Folie, bevor Sie mit der Arbeit beginnen.

Sobald Sie einen geeigneten Platz für den Teich ausgewählt haben – am besten ein sonniges, ebenes Stück Erde ohne überhängende Bäume in der Nähe –, markieren Sie die Form noch einmal mit Kordel und Pflöcken oder, noch besser, mit einem Gartenschlauch und stecken sie ringsum ab. Heben Sie mit dem Spaten soviel Erdreich heraus, daß der Teich in der Mitte mindestens 60 Zentimeter tief ist. Entfernen Sie außerhalb der Markierungslinie am Boden die Grassoden ringsum in einer Breite von 45 Zentimeter und einer Tiefe von fünf Zentimetern, so daß eine Kante entsteht, die Sie mit randständigen Pflanzen besetzen können. Entfernen Sie als nächstes alle spitzen Steine oder Schutt vom Grund der Vertiefung, und bedecken Sie die ganze Bodenfläche mit einer 2,5 Zentimeter dicken Schicht aus feinem Sand.

Breiten Sie jetzt die Folie auf dem Grund aus, ziehen Sie sie an den seitlichen Wänden der Vertiefung hoch und beschweren Sie den Folienrand mit

Ziegelsteinen. Sobald die Folie an der gewünschten Stelle liegt – sie sollte sich am besten ein paar Stunden in der Sonne setzen können –, füllen Sie den Teich *langsam* auf. Dadurch kann das Gewicht des Wassers die Folie behutsam in Form ziehen. Gießen Sie dann bis etwa fünf Zentimeter vom oberen Rand entfernt Wasser auf. Ist der Teich voll, entfernen Sie die Ziegelsteine und legen ein paar passende große Steine oder Zierplatten auf die Folie oder stopfen die überstehenden Kanten unter die Grassoden ringsum.

Kein Teich wäre vollständig ohne ein paar Wasserpflanzen. Feng Shui rät insbesondere zu Wasserlilien wie *Nymphaea odorata* ›Sulphurea Grandiflora‹ mit ihren glücksbringenden, gelben Blüten. Für die Randbepflanzung gibt es kaum etwas Besseres als eine Gruppe von *Pontederia cordata* oder ein paar kräftige gelbe Sumpf-Schwertlilien; Triebe von *Lagarosiphon major* halten das Wasser sauber. Ideal wären natürlich ein paar Lotusblüten *(Nelumbo nucifera)* in Töpfen, aber sie überstehen den Winter nur bei warmen Temperaturen und im Wintergarten oder Treibhaus. Ein Feng-Shui-Gärtner, mit dem ich mich unterhielt, empfahl für alle Wasserpflanzen in einem Teich spezielle, mit Teicherde gefüllte Pflanzkörbe. Auch schlug er vor, man solle eine Schicht gewaschenen Kies einstreuen, in dem sich die Wasserpflanzen bewurzeln können.

Lassen Sie dem Teich und den Pflanzen ein paar Wochen Zeit, sich zu setzen und einzugewöhnen – dadurch stabilisiert sich auch der Sauerstoffgehalt –, und setzen Sie abschließend ein paar Goldfische ein.

Nein, ganz fertig sind wir noch nicht: der Gärtner fügte nämlich hinzu, solch ein Teich solle für ein gutes Feng Shui immer fließendes Wasser haben. Sein Vorschlag lautete, ein großes Granitstück in die Mitte des Teiches zu legen und anstelle eines Wasserbeckens eine kleine Schale aus Stein darauf zu befestigen. Sodann solle man ein Kupferrohr durch ein Bambusrohr führen und es an eine kleine, versenkbare elektrische Pumpe anschließen, die unten am Granitbrocken angebracht ist und das Wasser vom Teich in die Schale befördert. Wenn das Wasser über die Ränder und zurück in den Teich fließt, erzeugt es ein wohlklingendes, plätscherndes Geräusch. Der Gartenneuling wird bei der Installation dieses Objekts wahrscheinlich die Hilfe eines Fachmanns benötigen, besonders wenn Kabel verlegt werden müssen, aber wenn die Arbeiten abgeschlossen sind, stellt sich ein sehr gutes *Chi* im Garten ein.

Viele Feng-Shui-Gärtner sind zudem davon überzeugt, daß eine Mini-Pagode im Stil der alten chinesischen Tradition gut zu einem Wasserelement

Mit Wasser kombinierte Miniatur-Pagoden in allen Formen und Größen sind seit Jahrhunderten aus der Feng-Shui-Praxis nicht mehr wegzudenken.

paßt. Ursprünglich errichteten die Chinesen Pagoden, um die *Chi*-Qualität ihrer Felder zu verbessern und eine bessere Ernte zu gewährleisten. Die Bandbreite der Modelle reicht von kleinen, pilzförmigen bis zu vielstöckigen Gebäuden mit einer Höhe von einem oder mehr Metern. Am besten plaziert man sie am Rand des Teiches oder neben einem Steingarten. In China werden die modernsten Modellpagoden aus Porzellan hergestellt: einige der größeren, auf klassische Vorbilder zurückgehenden Varianten bestehen jedoch aus dünnen, leichtgewichtigen Brettern, die an einem Bambusgestell befestigt werden. Im großen und ganzen sind sie etwas unauffälliger und nicht so grell bemalt wie die Pagoden, die die Japaner sich für ihre Gärten kopieren lassen. Am besten stellt man eine Modellpagode nach Südwesten auf.

Ein Garten, in dem kein Platz für einen Teich ist, kann trotzdem ein Wasserelement enthalten. Feng Shui empfiehlt ein halbiertes Holzfaß oder einen Steintrog, weil diese Behälter an die Fünf Elemente erinnern. Beide könnte man in einen Innenhof integrieren und dann mit ein, zwei blühenden, am Rand eingesetzten Pflanzen verschönern. Denkbar wäre auch der Einbau eines Minispringbrunnens mit jenem wunderschönen, beruhigenden und heilenden Klang, den plätscherndes Wasser immer erzeugt.

123

Ein traditioneller chinesischer Steingarten aus flachen und eigenartig geformten Steinen in einem bescheidenen Anwesen in Shanghai. Druck aus dem neunzehnten Jahrhundert.

Wenden wir uns nun dem Steingarten zu. Generell heißt es im Feng Shui, daß der ideale Platz für einen Steingarten im Norden und Westen eines Gartens liegt und so den Teich abschirmt, der idealerweise nach Süden und Osten ausgerichtet ist. Verändern Sie an dieser Positionierung möglichst nichts, da sich dies nachteilig auf beide Elemente auswirken würde.

Einem Menschen der heutigen Zeit wären die chinesischen Steingärten wohl in der Tat merkwürdig vorgekommen.

Zu jener Zeit waren besonders massive graue Steine beliebt, die einen Garten unweigerlich dominierten und – so ähnlich wie eine echte Erhebung oder ein wirklicher Berg in der Landschaft, die in seinem Windschatten lag – einen

Puffer gegen die Elemente bilden sollten. Die chinesische Bezeichnung für »Landschaft« ist *shan shui*, was wörtlich »Berge und Wasser« bedeutet. Bei dieser Wortverbindung denkt man angeblich an die uralten »Inseln der Unsterblichen«. Der Legende nach bestand für jeden, der zu dieser heiligen Stätte gelangte und sich mit den Unsterblichen unterhielt, die vage Aussicht, das Geheimnis des ewigen Lebens zu erfahren. Es wird berichtet, daß viele bedeutende Herrscher Chinas – vor allem der Han-Kaiser Wu-ti – versuchten, diese Unsterblichen auf die Erde zu locken, indem sie gewaltige Felseninseln und Seen anlegten, die ein Spiegelbild ihres heiligen Hains waren.

Viele hundert Jahre lang wurden Steine aufgrund ihrer *Yin-Yang*-Bedeutung verehrt. Im 11. und 12. Jahrhundert verbreitete sich die Steinverehrung geradezu explosionsartig, als rivalisierende Adlige buchstäblich darum kämpften, wer die erlesensten Exemplare mit den außergewöhnlichsten Rinnen, Löchern, Vertiefungen und zerklüftetsten Kanten hatte. Die Sammlung des Kaisers Hui-t'sung nahm anscheinend so riesige Ausmaße an, daß er das Land beinahe an den Rand des finanziellen Ruins brachte.

Im Feng Shui verkörpern Steine die Ruhe von Felsen und – in Verbindung mit fließenden Bächen – männliche Stärke und weibliche Feuchtigkeit, das Nebeneinander von Rauhem und Glattem. Diese Assoziation erhält eine noch tiefere Bedeutung in bezug auf einen anderen uralten chinesischen Glauben, dem zufolge Flüsse die Arterien der Erde, Berge hingegen ihr Skelett sind. Da verwundert es nicht, daß Feng Shui besonderes Augenmerk auf alle Steine hat. Es hält ihre unregelmäßigen, natürlich entstandenen Formen für gute *Chi*-Leiter, die in Verbindung mit Wasser für Harmonie und Ausgewogenheit im Garten sorgen.

Diese Traditionen erklären die Existenz von Steingärten, die als Abbilder der Natur gestaltet werden sollten, um dadurch größtmögliche Wirkung zu entfalten und – um mit Feng-Shui-Meistern zu reden – »dem Besitzer durch wohlwollende Zauberei so etwas wie Unsterblichkeit zu verleihen«.

Aus den verschiedenen Feng-Shui-Handbüchern, die ich gelesen habe, geht hervor, daß es keine festen, starren Regeln für die Anlage eines Steingartens gibt. Offenbar hatte man vor Jahrhunderten erkannt, daß alles von dem *angeborenen Gespür* eines Menschen abhing – wenngleich man sich um eine natürliche Wirkung bemühen mußte, damit am Ende der Eindruck stilisierter Wildnis entstand. Die Steine sollten im richtigen Verhältnis zueinander stehen und aus jeder Blickrichtung das Auge erfreuen.

Ein aufrechtstehender Stein, in den die Feng-Shui-Symbole, Steine und Wind- sowie Wasserströme eingemeißelt sind. Diese Skizze entstand um 1920 in einem Garten in Nanking.

Chinesische Gelehrte aus früherer Zeit wie der verehrte Li Li-weng kamen zu dem Schluß, daß man dafür am besten einen Erdhügel aufschüttete, auf den man Steine und Blumen sowie kleine Bäume setzen konnte. Dadurch entstand nicht nur ein inneres *Chi*, behauptete Li Li-weng in seinem Buch *Li Yu Ch'uan-chi* (Informelle Aufzeichnungen zufälliger Gedanken), sondern der Garten wurde um ein hübsches, einheitliches Element bereichert.

Die Idee, Statuen oder Kunstobjekte aus Stein im Garten aufzustellen, läßt sich vielleicht mit der Sitte der Chinesen begründen, einzelne, aufrechtstehende Steine in der Nähe ihres Heims zu plazieren. Diese – unbehauenen oder behauenen – Steine, die man oft neben eine würdevolle Kiefer

126

stellte oder mit entsprechenden hübschen Blumen kombinierte, sollten das eigentliche Wesen der Natur zum Vorschein bringen. Ebenso galt ein kleiner, polierter Stein im Haus als gutes Feng Shui, vor allem, wenn er in einer Ecke aufgestellt wurde, wo er die Entstehung des schädlichen *Sha* verhinderte. Manchmal setzte man große und kleine Steine nebeneinander: man hielt dies für ein gesellschaftliches Symbol, das Harmonie zwischen einem Herrn und seiner Dienerschaft, einem Gastgeber und seinen Gästen entstehen ließ.

Im Feng Shui gibt es drei Begriffe für die Art von Steinen, die man in einem Steingarten verwenden sollte – *T'ou, Shou* und *Lou* – man muß allerdings dazu sagen, daß alle – in typisch chinesisch rätselhafter Manier – mehrdeutig sind:

- T'OU bedeutet wörtlich »hindurchgehen«. Damit ist ein Stein mit einem Durchgang gemeint. Ein meist runder Stein, der vielleicht eine Öffnung hat, würde sich dafür heutzutage am ehesten eignen.
- SHOU ist ein präziserer Begriff, der »dünn« bedeutet. Allgemein versteht man darunter einen zierlichen Stein mit weiblichen *Yin*-Eigenschaften.
- LOU ist von allen der eigenartigste, denn das Wort bedeutet »Leck« oder »Tropfen«. Heute wird mit diesem Begriff im allgemeinen ein Stein in Rechteckform bezeichnet.

Mittlerweile hat sicher jeder erkannt, daß Steine in der Philosophie des Feng Shui als sehr kraftvolle Energieform gelten. Integriert man sie in einen Steingarten – vielleicht zur Aufwertung eines langweiligen Gartens, in dem das *Chi* nur träge zirkuliert –, wird dadurch der ganze Garten harmonischer. Die harten Steine kontrastieren dann auch mit der Glätte und Zartheit von hier und da eingestreuten Pflanzen und Blumen, die der Landschaft ein noch ausgewogeneres *Yin-Yang*-Verhältnis bescheren.

Beim Entwurf Ihres Steingartens genügt im Grunde genommen Einfallsreichtum und die Beachtung der Feng-Shui-Regeln. Legen Sie ihn am besten in Verbindung mit einem Teich an, weil Sie mit dem Erdaushub die Erhebung aufschütten können, auf die Sie dann die Steine stellen. Wenn Sie die Plazierung und die Symbolik aller für Ihr Mini-Gebirge verwendeten Elemente beherzigen, dürfte eigentlich nichts schiefgehen.

Bevor Sie sich an die Arbeit machen, möchte ich Ihnen aber trotzdem noch ein paar Tips geben. Auch wenn Sie keinen Teich haben, braucht der Steingarten nicht isoliert zu liegen: vielmehr läßt er sich in eine normale Rabatte integrieren und wirkt trotzdem ganz natürlich. In der Natur sind Steine irgendwo zu Ende und laufen oft in ein steiniges Geröllfeld aus, das schließlich in lehmigen Boden übergeht, in dem die unterschiedlichsten Pflanzen und Blumen wachsen.

Der beste Zeitpunkt für die Anlage eines Steingartens ist im Sommer, wenn das Wetter schön ist, denn dieses Unterfangen ist bei nassem, kaltem Boden nahezu unmöglich. Am besten fertigen Sie vorher eine grobe Entwurfskizze an und besorgen sich möglichst alle drei Steintypen (*T'ou, Shou* und *Lou*), die ich aufgezählt habe. Sie können natürlich aus einer Vielfalt von Steinen auswählen, aber Feng Shui empfiehlt *Sandstein*, weil er sehr attraktiv und leicht zu bearbeiten ist; des weiteren kleine *Granit*stücke, die eine erkennbare »Zeichnung« haben; und den härteren *Kalkstein*, der so schön verwittert. Der häufig als Steingartenstein verkaufte Quarz ist eigentlich nicht so gut, weil er relativ formlos ist und sich meistens nicht mit Pflanzen verträgt. Gute Steine kosten heutzutage zwar nicht weniger als zu jener Zeit, als sich die chinesischen Adligen darum stritten, doch es lohnt sich allemal, erlesene Exemplare zu erstehen, da das Endergebnis Sie hundertfach für Ihren Kostenaufwand in Form von Harmonie und gutem Feng Shui entschädigen wird.

Geben Sie, wenn Sie den Erdhügel aufschichten, ungefähr ein Fünftel feinen Kies in die Mischung – dadurch wirkt der Miniatur-Berg fülliger. Wenn Sie die Steine auf der Erhebung plazieren, denken Sie daran, daß Sie einen möglichst natürlichen Effekt erzielen wollen. Graben Sie also niemals einen Stein völlig ein und achten Sie darauf, daß alle zueinander im richtigen Verhältnis stehen. Die Chinesen waren immer bestrebt, es so aussehen zu lassen, als hätten die Steingärten schon lange vor dem Bau des Hauses auf dem betreffenden Grundstück existiert, und so sollten Sie es auch halten.

Alle Steine müssen auf derselben, nach innen abfallenden Ebene hingelegt werden, wobei etwa ein Drittel des Steins in der Erde steckt. Das sieht nicht nur hübsch und natürlich aus, sondern es kann auch der Regen in die Ritzen fließen, in denen die durstigen Pflanzen wachsen. Plazieren Sie die Steine nicht in unterschiedlichen Winkeln zueinander, das wirkt unnatürlich und erzeugt kein gutes Feng Shui. Der Abstand zwischen den Steinen ist natürlich eine Frage des persönlichen Geschmacks, doch sie sollten im Idealfall nie mehr als einen Schritt weit auseinanderliegen, damit Sie bequem die Pflanzen dazwischen versorgen können, ohne daraufzutreten.

Nehmen Sie sich für diese Arbeit unbedingt genügend Zeit, damit zum Schluß alle Steine ein harmonisches Bild ergeben. Übertreiben Sie die ganze Angelegenheit nicht – die Chinesen gestalteten ihre Gärten schlicht und setzten niemals so viele Steine hinein, daß am Ende daraus so etwas wie eine Bergspitze entstand. Mit einem sanft gerundeten Gipfel zirkuliert das *Chi* am allerbesten. Bei der Wahl der Pflanzen für den Steingarten gibt Feng Shui keine konkreten Empfehlungen ab, so daß die Entscheidung bei jedem einzelnen Gärtner liegt. Am geeignetsten sind jedoch winterharte, windunempfindliche Pflanzen mit langen Wurzeln, die ein dichtes Laubdach bilden und deren Blüten im Vergleich zu ihren Ausmaßen groß sind. Ich würde Akelei, Krokusse, winterharte Geranien, Iris, die Phlox-Varietäten, Primel-Arten, Rhododendren und alle Arten von Sedum vorschlagen, die allesamt für gutes Feng Shui sorgen. Aber letztendlich überlasse ich Ihnen die Wahl.

9. Kräuter, die Gesundheit schenken

Vor dreitausend Jahren war die Entwicklung von Feng Shui und der Kräutermedizin in China miteinander verwoben. Magie war bei den Chinesen in ihrer Haltung gegenüber Pflanzen und Bäumen ein wichtiges Element, besonders bei denen, die sich als heilkräftig erwiesen, so daß sich Heiligkeit und medizinischer Wert in den Köpfen der Menschen zu einer Einheit verbanden. Vermutlich war es diese Kräftekombination, die als erste das ästhetische Empfinden der Kräutersammler wachrief: allmählich erkannte man auch die Schönheit eines in der Medizin wichtigen – und damit zugleich heiligen – Pflanzenblattes.

Wann genau die Chinesen damit begannen, sich systematisch mit den nährenden Eigenschaften ihrer vielen verschiedenen einheimischen Pflanzen zu beschäftigen, läßt sich nicht mehr ermitteln. Sicher mußten sie in langwierigen Versuch-und-Irrtum-Verfahren erst herausfinden, welche Kräuter am wirksamsten waren. Diese bauten sie an und verwendeten sie zur Herstellung von Heilmitteln, deren Zahl immer größer wurde. Eine der ganz frühen Schriften über Behandlungen mit Kräuterheilmitteln war das *Shen Nung Ben Tsao*, zusammengestellt von dem sagenhaften, als »göttlicher Gemahl« bekannten Kaiser Shen Nung, der 2698 v. Chr. starb. Anscheinend sammelte er höchstselbst mehr als hundert Kräuter – und sein hohes Alter sprach für die Richtigkeit seiner Beobachtungen. Er beschrieb in seinem »Kanon der Kräuter« die Eigenschaften von 252 Pflanzen und machte genaue Angaben zu ihrer Konservierung und Verwendung. Noch heute werden viele Behandlungsmethoden des Kaisers Shen Nung durchgeführt.

Hundert Jahre später war das volkstümliche Wissen um Kräuter so gewachsen, daß ein anderer Kaiser, Huang Ti, daran ging, diese Erkenntnisse in einem achtzehnbändigen medizinischen Buch, dem *Nei Ching*, systematisch festzuhalten. Dieses Mammutwerk zeigte ganz deutlich, daß die Chinesen bereits erkannt hatten, daß das Blut unter anderem die Funktion hatte, die

Nährstoffe im Körper zu verteilen. Auch bestätigte das *Nei Ching*, daß ein medizinischer Gelehrter alle Arten von Beschwerden heilen konnte, wenn er während der Diagnose seine fünf Sinne einsetzte und Atmung, Puls und Hautausdünstungen seines Patienten prüfte. Außerdem vermerkte das Buch: »Bei der Behandlung von Krankheiten ist es notwendig, den Gesamtzusammenhang eingehend zu betrachten, die Symptome ganz genau zu untersuchen, auf die Gefühle und Einstellungen zu achten. Wenn jemand fest an die Präsenz von Gespenstern und Geistern glaubt, kann man nicht von Therapie sprechen.«

Das *Nei Ching* wurde in den darauf folgenden Jahrhunderten mehrmals überarbeitet, besonders im siebten Jahrhundert während der T'ang-Dynastie. Damals inspirierte ein zwanzigköpfiges Expertenteam, angeführt von dem berühmten Kräuterheilkundigen Su Jing, alle Provinzen des Landes und verfaßte ein revidiertes Kräuterhandbuch, das über achthundert Kräuter verzeichnete. Dieses Buch wurde später gedruckt und überall in China verbreitet – 600 Jahre bevor die erste Druckerpresse im Westen überhaupt erfunden war.

Im Jahr 1578, während der Ming-Dynastie, veröffentlichte ein chinesischer Arzt namens Li Shizhen (1518–593), der 27 Jahre lang das ganze Land bereist und dabei Arzneien gesammelt und ausprobiert hatte, sein Werk *Ben Ts'ao Kang Mu* (das »Kompendium der Materia Medica«), in dem er insgesamt 1173 Heilpflanzen und 11000 Rezepturen und chemische Zusammensetzungen auflistete. Viele der von Li Shizhen erfaßten Kräuter werden auch heute noch verwendet, während die Suche nach neuen immer weitergeht. In den letzten 25 Jahren haben die Chinesen beispielsweise weitere 2000 medizinische Kräuter gesammelt und klassifiziert, und ein Ende ist nicht absehbar.

Genau in jenen vergangenen Zeiten, als die Feng-Shui-Prinzipien ausgearbeitet wurden, schätzten auch die ersten *Xiansheng* den Wert von Kräutern für die Wiederherstellung der Gesundheit und die Förderung des Wohlbefindens. Folglich regten sie bald den Anbau ausgewählter Kräuter an, die ihrer Meinung nach dazu beitrugen, Harmonie zu erzeugen und den *Chi*-Fluß in einem Haus oder Garten zu fördern. In diesem Konzept spiegelt sich die Vorstellung der Chinesen vom Leben nach dem Tod als einem Garten voll wunderschöner, nützlicher Pflanzen, die alle Lebensbereiche beeinflussten.

Obwohl Kräuter, Blumen und Bäume physisch gesehen völlig verschieden und unverwechselbar sind, hat Feng Shui sie von Anfang an niemals in getrennte Gruppen unterteilt; man glaubte, in einem harmonischen Garten sei Platz für alle drei. Tatsächlich geht aus historischen Dokumenten hervor, daß in den ersten Gärten an Orten wie den Sommerpalästen in Peking und Kunming, der »Stadt des Ewigen Frühlings« (die beide nach Feng-Shui-Regeln erbaut wurden) nicht nur die unterschiedlichsten Pflanzen, sondern auch Kräuter standen. In beiden Palästen standen Weiden, Ahorn und Aprikosenbäume einträchtig neben Päonien, Rosen und Lotusblüten, und dazwischen eingestreut wuchsen Schnittlauch, Safran, Ginseng und Balsamkraut.

Interessanterweise sind die Blätter und die jungen Triebe einer als *Hao zi gan* bekannten Chrysanthemen-Art in China noch heute in Gebrauch. Man verwendet sie in Rohkostsalaten, als Suppenwürze und als Gemüse; allerdings hat sie einen bescheidenen Status, wie ihr europäischer Name »Chop Suey« – Grünzeug – besagt (mit »chop suey«, der englischen verballhornten Form des chinesischen *za cui*, sind die gekochten Überreste eines Restaurants gemeint, die meistens an die Armen verteilt werden). Trotz seines Rufs hat dieses Grünzeug einen unverwechselbaren, strengen Geschmack, ist saftig und nahrhaft und angeblich reich an Vitaminen und Mineralien. Die Chrysanthemen-Blütenblätter sind frisch oder getrocknet verwendbar, als Garnitur oder über Suppen und Salate gestreut, obwohl man das Innere besser vorher entfernt, da es bitter schmeckt.

Feng Shui rät, einen Kräutergarten ganz regellos anzulegen, und zwar an einem Ort, an dem runde Formen vorherrschen, damit das *Chi* ungehindert fließen kann. Auch sollten Sie dort in erster Linie Kräuter anpflanzen, deren »Zauberkräfte« für Harmonie und Schönheit sorgen und auch für den Haushalt nützlich sind. Sie brauchen Küchen- und medizinische Kräuter nicht zu trennen, denn Feng Shui hält sie für ideale Partner so wie *Yin* und *Yang*, da sie für Formen- und Farbenvielfalt sorgen. Da sich die Chinesen nie mit der Anlage von Haus-Kräutergärten beschäftigt haben, wie sie später im Westen entstanden, gibt es keine konkreten Vorbilder. Daher ist auch hier wieder Ihr Einfallsreichtum gefragt. Wo die Chinesen wirklich herausragende Leistungen vollbracht haben, ist bei der Anlage von Bereichen, in denen sich durch den Einsatz unterschiedlicher Texturen von Licht und Schatten und dem beruhigenden Aroma der Kräuter Frieden, Privatsphäre und Harmonie einstellen.

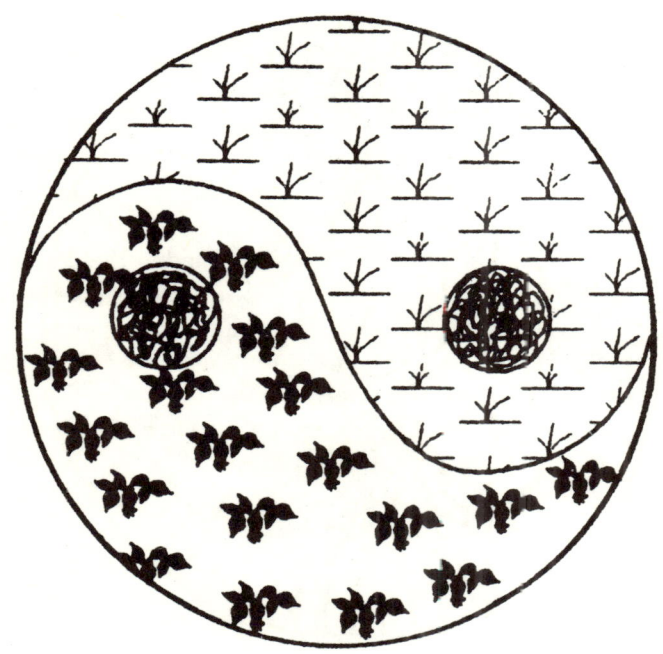

Ein Yin-Yang-Kräuterbeet

Ich habe bereits mehrmals betont, daß Feng Shui scharfe Kanten und durch Mauern abgetrennte Bereiche ablehnt. Es hält auch nichts von jenen streng angelegten Kräuterbeeten, wie man sie in mittelalterlichen Klostergärten oder den ordentlichen Küchengärten der Viktorianischen Epoche findet. Legen Sie Ihr Kräuterbeet vielmehr rund oder geschwungen an, so wie ich es in den folgenden vier typischen Beispielen beschrieben habe:

1. Das *Yin-Yang-Kräuterbeet*. Dieser Kräutergarten kommt der Idee des Feng Shui am nächsten und ist auch am pflegeleichtesten. Bepflanzen Sie jeweils eine Hälfte des uralten Symbols mit nur einem niedrigwachsenden Lieblingskraut, und setzen Sie an die Stelle der »Augen« kreisförmig etwas höher wachsende Pflanzen wie Schnittlauch oder Koriander. Denken Sie jedoch daran, daß es schlechtes Feng Shui ist, mehr als zwei verschiedene Kräuter *pro Hälfte* zu verwenden.

133

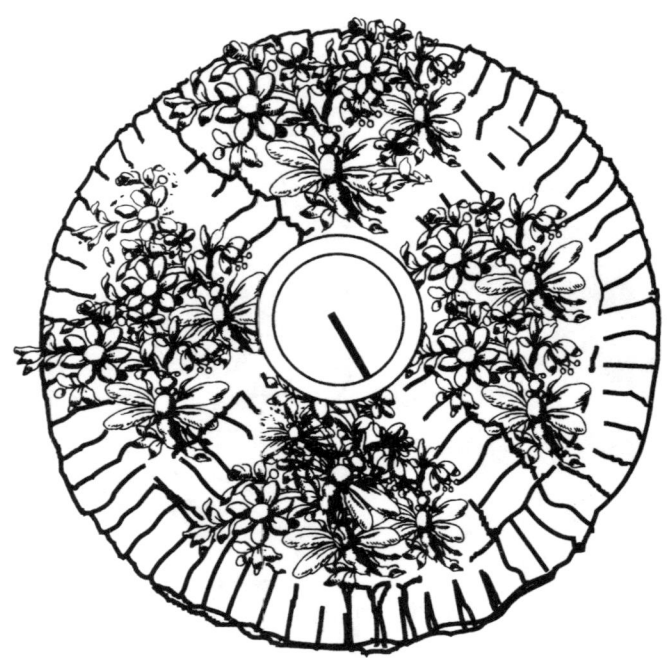

Die Kräuteruhr

2. Die *Kräuteruhr* ist bei chinesischen Auswandererfamilien, die in Amerika leben, besonders beliebt. Die Außenkante kann aus Ziegeln oder Steinplatten (oder Grassoden) bestehen. Auf jedem Segment sollte nur eine einzige Kräuterart stehen. Einige Feng-Shui-Anhänger glauben, daß ein Objekt in der Mitte, etwa ein abgerundeter Sockel oder eine kleine Pagode, aber natürlich keine eckige Form, den *Chi*-Fluß unterstütze.

3. Der *Kräutergarten in Wagenrad-Form* ist in Hongkong, Singapur und sogar einigen australischen Städten mit ihren zahlreichen chinesischen Einwohnern ein großer Erfolg. Auf jedem Segment sollte ein anderes *Gewürzkraut* stehen, und man sollte Feng Shui zufolge zuerst das innere Rad bepflanzen und dann erst die äußeren Kreise hinzufügen. Das Schöne an dieser Form ist, daß Sie immer wieder neue »Kräuter-Ringe« hinzufügen können, sofern Sie den Platz dafür haben.

134

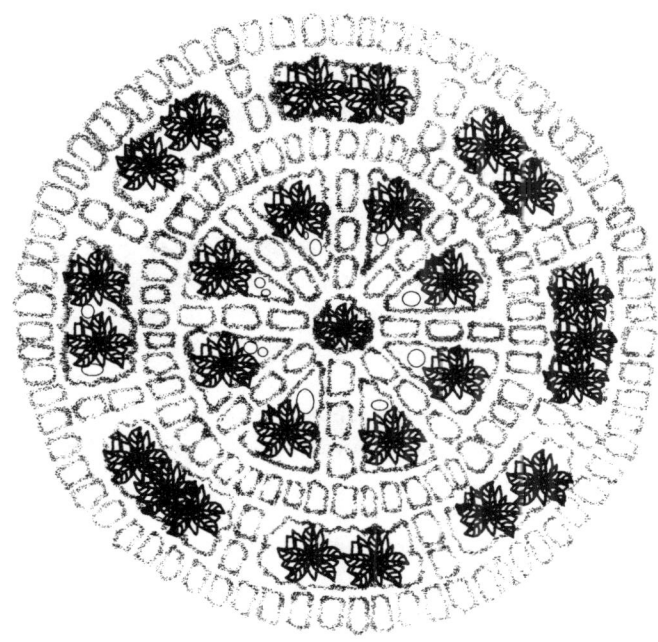

Das Wagenrad

4. Für den *Chi-Garten*, den komplexesten von allen, braucht man ein ziemlich großes Stück Land. Der schwungvoll angelegte Pfad steht symbolisch für den *Chi*-Fluß und läßt die Erdenergien schon aufgrund seiner Form ungehindert durch diesen Bereich strömen. Diese Energien tragen den Duft der Kräuter direkt zu dem kleinen Teich in der Mitte. Es bleibt ganz Ihnen überlassen, wie viele Kräuter Sie setzen möchten, aber am Pfad entlang sollten nur niedrigwachsende, hinter dem Teich dann höhere Varietäten stehen. Diese Anlage gewinnt zusätzlich noch, wenn man mitten in der Kurve, also genau gegenüber vom Wasserelement, eine kleine Sitzgelegenheit, etwa eine Bank, aufstellt. Hier werden Sie viele glückliche Stunden verbringen können, während Ihnen das *Chi* die Duftschwaden der Kräuter ringsum in die Nase weht.

(Mir wurde vorgeschlagen, daß ein richtig abenteuerlustiger Gärtner auch das Feng-Shui-*Bagua* (siehe Seite 43) als Modell für einen Kräutergarten verwenden könnte, bei dem die Pflanzen in Form der acht Trigramme angeordnet sind: aber man warnte mich, das sei kein leichtes Unterfangen.) Der ideale Platz für einen Feng-Shui-Kräutergarten ist die Tiger-(rechte) Seite des Gartens, wo die niedrig liegende, intensive Energie der Pflanzen den gesamten Bereich beeinflußt. Übertreiben Sie es nicht bei der Wahl Ihres Entwurfs (wenn Sie mit den einfachen Formen erfolgreich waren, können Sie später immer noch kühner werden), und wählen Sie einen gut drainierten Platz, der wenigstens zwei Drittel des Tages über in der prallen Sonne liegt. Entscheiden Sie sich, ob Sie das Beet nahe bei der Küche – wo Sie es schneller erreichen (dann gelangen auch das *Chi* und die Aromen ins Haus) – oder eher als Rückzugsort etwas weiter entfernt anlegen wollen.

Viele Kräuter müssen vor Wind geschützt werden – aus diesem Grund hat Feng Shui sich immer dafür ausgesprochen, sie im Windschatten größerer Pflanzen oder Bäume zu setzen. Sollte dies nicht möglich sein, errichten Sie einen Bambuszaun oder ein Gitterwerk, das sowohl den Duft der Kräuter einfängt, als auch den Eindruck von Abgeschiedenheit vermittelt. Denken Sie daran, daß sich dieses Fleckchen – wie alles andere im Garten – harmonisch und ausgewogen in die übrige Landschaft einfügen muß. Auch sollten sich die Kräuter hinsichtlich ihrer Größe und Formen ergänzen – setzen Sie also Einjährige am besten so, daß Sie damit beim Pflanzen oder Ausgraben auf keinen Fall die Mehrjährigen stören. Kurz gesagt: Achten Sie auf eine natürliche Mischung von Blumen, Pflanzen und Kräutern, so daß das ganze Jahr über gutes Feng Shui herrscht.

Falls Sie in einer Wohnung oder einem kleinen Appartement wohnen, dort aber eine kleine Terrasse oder einen Balkon haben, können Sie immer noch von den harmonisierenden Eigenschaften der Kräuter profitieren, indem Sie einige davon in Töpfe pflanzen. Das sieht nicht nur schön aus und duftet herrlich, sondern Sie können durch überlegtes Aufstellen der Töpfe oder Kübel die harten Kanten eines ummauerten Hofs oder Balkons aufweichen, damit das *Chi* müheloser durch Ihre Wohnung zirkulieren kann.

Kräuter eignen sich ganz hervorragend für Pflanzbehälter, weil die meisten von ihnen in gut drainiertem Boden gedeihen werden. Auch sind sie ein Segen für den Stadtbewohner, weil sie die Luft aromatisieren, in der Küche verwendet werden können und obendrein noch dekorativ aussehen. Außerdem läßt sich mit den Pflanzbehältern, Terrakottatöpfen, alten Schornstein-

Plan eines Kräutergartens

aufsätzen, glasierten Waschbecken und traditionellen Garten- und Küchen-
behältern, die sich alle hervorragend zur Bepflanzung eignen, und buschig
wachsenden Gewürzkräutern selbst im winzigsten Eckchen ein malerischer
Garten anlegen.

Sie können sogar Platz sparen, wenn Sie unterschiedlich große Behälter
kaufen und diese nicht alle auf den Boden, sondern auch aufs Fensterbrett

oder auf ein Regal stellen oder an einer Wand befestigen. Und natürlich lassen sie sich alle im Handumdrehen verrücken und bieten dann wieder einen neuen Anblick, ohne daß Sie sich die Mühe des Umtopfens machen müssen. Achten Sie aber darauf, daß die Töpfe immer an einem sonnigen, hellen Fleck stehen und keine Barriere für das *Chi* bilden. Auch sollten sie vor Trockenheit und extremen Temperaturschwankungen geschützt sein, damit das Pflanzenwachstum und – in konkreten Fällen – die Produktion aromatischer Öle angeregt wird, die Ihr Leben ebenfalls bereichern können.

Ein Feng-Shui-Garten sollte schön und zwanglos aussehen und Pflanzen in allen Formen und Größen enthalten – wenngleich zuviel Üppigkeit zu Verwirrung führt und den *Chi*-Fluß beeinträchtigt.

Die nachfolgend aufgeführten Kräuter werden von Feng Shui empfohlen, weil sie besonders zur Ausgewogenheit und Harmonie eines Gartens beitragen. Diese Liste soll Ihnen bei der Auswahl behilflich sein.

Feng-Shui-Kräuter

Chinalauch (dahsuahn) *Allium tuberosum*
Element: *Yin*
Symbolik: *Appetit*
Seit vielen hundert Jahren bezeichnen die Chinesen die Zwiebelfamilie als »Juwelen unter den Gemüsen« und schreiben ihr außerordentliche gesundheitsfördernde Eigenschaften zu – je stärker der Geruch, desto wirksamer sind die Heilkräfte, sagen sie. Der Chinalauch steht ganz oben auf dieser Liste und wird in der Geschichte des Landes seit 3000 Jahren immer lobend erwähnt. Marco Polo brachte als erster die Kunde vom Chinalauch in den Westen, und man kann sicher zu Recht behaupten, daß sein leichter, knoblauchähnlicher Geschmack mittlerweile zu einem wesentlichen Bestandteil vieler Suppen und Salate geworden ist, wo sein Eisen- und Vitamingehalt appetitanregend und verdauungsfördernd wirkt. Feng Shui glaubt, daß diese Pflanze nicht nur die Entstehung von *Sha* im Garten bekämpft, sondern sich auch ideal neben neuen Rosen (sie intensiviert deren Duft) und unter einem Pfirsichbaum macht (wo sie die Kräuselkrankheit in Schach hält). *A. tuberosum* wächst in bis zu 50 Zentimeter hohen Büscheln in sonnigen, gut drainierten Lagen. Er hat flache, grüne Blätter und hübsche endständige Scheindolden mit weißen, sternförmigen, süß duftenden Blüten, die sich im Spätfrühjahr

öffnen. Nach der Blüte sollten sie entfernt und die Blätter fünf Zentimeter über dem Erdboden abgeschnitten werden, damit sie neu austreiben. Chinalauch läßt sich aus Samen, den man zwischen Oktober und April sät, oder durch Wurzelteilung im Herbst oder Frühling vermehren. Dieses Gewürzkraut kann man auch eintopfen und ins Haus stellen, damit man im Winter immer genügend Vorrat hat. Feng Shui zufolge kann man *A. tuberosum* nicht nur im Kräutergarten, sondern auch als attraktiven Bodendecker verwenden. Er paßt gut in ein ganz in Weiß gehaltenes Blumenbeet und ist auch in einer gemischten Mehrjährigenrabatte ein schöner Blickfang.

Ceylonzimtbaum (Dan) *Cinnamomum zeylanicum*
Element: *Yin*
Symbolik: *Verjüngung*
Manchmal wird dieses Gewürzkraut als Zimtkassie oder auch »Kanton-Kassie« (nach *Cinnamomum cassia*, einer Art, die nicht so erlesen ist und nicht so gut riecht) bezeichnet. In China findet es vor allem als Tonikum und Aromastoff für Arzneien Verwendung, wohingegen es im Westen ein Duftbestandteil in Potpourris ist und Speisen und Getränken als Aroma zugesetzt wird. Es handelt sich um einen immergrünen Baum, der ungefähr sechs Meter hoch wird und eine dicke, ledrige Rinde und kleine, weiße Blüten hat, die ovale, bläulich gefärbte Früchte hervorbringen. Alle drei duften, aber es ist die getrocknete innere Rinde der Zweige, die als Gewürz für Weine, Tees, Honig und eingemachtes Obst verwendet wird. Die gemahlenen Samen liefern das Rohmaterial für Potpourris und Parfümöl. Will man Zimt in der westlichen Welt anbauen, pflanzt man ihn am besten in reinen Sand an einen warmen, geschützten Ort und gießt ihn ständig. Er macht sich gut in der Ecke eines überdachten Hofes und leitet das *Chi* sowohl im Haus als auch draußen sehr gut.

Koriander (Hursuei) *Coriandrum sativum*
Element: *Yin*
Symbolik: *Langlebigkeit*
Vermutlich entdeckten die Chinesen als eine der ersten großen Zivilisationen, daß man den Koriander, der in ihrem Land wild wuchs, in Küche und Medizin verwenden konnte. Ja, man schrieb diesem Kraut sogar die Kraft zu, jenen Unsterblichkeit zu verleihen, die es mit reinem, frischem Wasser vermischt

tranken. Feng Shui bewundert vor allem die gebogenen, verschlungenen Äste der Pflanze, die sie an jedem Standort als guten *Chi*-Leiter ausweisen. *C. sativum* mag gern pralle Sonne und reichhaltigen, gut drainierten Boden und läßt sich aus Anfang des Frühjahrs gesäten Samen vermehren. Die dünnen, leuchtendgrünen oberen Blätter dieser Kräuterpflanze haben einen durchdringenden Geruch, während die Blätter weiter unten breiter sind und wie aromatische Petersilie schmecken. Deshalb bezeichnet man die Pflanze gelegentlich auch als »Chinesische Petersilie«. Die Blüten sind weiß oder blaßpurpurfarben und blühen von Anfang Sommer bis Hochsommer. Die weiter unten befindlichen Blätter kann man jederzeit pflücken und frisch in Eintopfgerichten, Salaten, Saucen und als Garnierung verwenden; aber die Samen, die man an Gemüsegerichte, Curries, Obstkuchen und Torten gibt, sollte man pflücken, sobald sie sich braun gefärbt haben, und vor Gebrauch trocknen. Die Wurzeln, die man im Herbst ausgraben soll, kann man wie Gemüse kochen und ebenfalls an Curry-Gerichte geben.

Amerikanischer Ginseng (Jen shen) *Panax quinquefolius*
Element: *Yang*
Symbolik: *Gesundheit*
Die Wurzel dieser Ginseng-Art, die der der Mandragore nicht unähnlich ist, wird in ihrer Heimat China oft als »Gesundheit des Mannes« bezeichnet und steht seit vielen hundert Jahren hoch im Kurs. Als man sie in der Mandschurei entdeckte, wurden ihr so große gesundheitsfördernde Eigenschaften zugeschrieben, daß der Kaiser und Angehörige seines Hofstaates Ansprüche auf den angebauten Ginseng erhoben und die restliche Bevölkerung gezwungen war, ihren Bedarf anderswo zu decken. Feng Shui glaubt, daß Ginseng für einen Garten nicht nur aufgrund seiner gesundheitsfördernden Wurzeln, sondern wegen seiner oberirdischen Triebe wichtig sei. Anfangs bringt die Pflanze einen Trieb mit fünf Blättern aus; dann entwickelt sich ein zweiter Trieb mit ebensovielen Blättern, dann ein dritter und später ein vierter, wenn die Pflanze allmählich einen Strunk aus der Mitte heraus ausbildet, der im Chinesischen als »die hundert Füße« bezeichnet wird. Diese gertenschlanken Strünke leiten das *Chi* hervorragend – und erst recht die blaßlila Blüten mit ihren Staubfäden, die unversponnener Seide ähneln. Der Ginseng wird 30 bis 45 Zentimeter hoch und liebt humusreichen Boden in schattiger Lage. Das Kraut zieht man am besten zuerst im Treibhaus, bevor man es auspflanzt.

140

Nach ungefähr drei Jahren kann man ernten. Die vielfältigen Verwendungsmöglichkeiten der Ginsengwurzel – Wiederherstellung der Gesundheit, Bekämpfung von Depressionen, Linderung von Übelkeit, Besänftigung von Husten und Atemwegsbeschwerden – sind so gut dokumentiert, daß ich sie hier nicht zu wiederholen brauche.

Echter Eibisch (Jiinkveir) *Althaea chinensis*
Element: *Yin*
Symbolik: *Süße*
Dieser Eibisch, einer der vielen hundert *Malvaceae*-Arten, ist auch als »Chinesischer Eibisch« bekannt und bildet den Grundstoff für die gleichnamige Süßigkeit. Er stammt aus der Wurzel der Pflanze, in der man beim Pulverisieren einen Schleimstoff entdeckte. Mit Wasser und Zucker vermischt, ergab das eine süße Mischung, die sich bald großer Beliebtheit erfreute. Bilden Sie sich aber bloß nicht ein, daß Sie mit einem Garten voller Eibischpflanzen diese Süßigkeiten so herstellen können wie ein Confiseur. Das einzige, was sie mit dem Originalrezept gemeinsam haben, ist der Zucker! Doch das Kraut ist mit seinen breiten, samtigen Blättern und pinkfarbenen oder weißen Blüten mit den attraktiven Staubfäden, die sich von Spätsommer bis Frühherbst zeigen, ein guter *Chi*-Leiter im Garten. Die Samen dieser Pflanze, die bis zu zwei Meter hoch werden kann, sollten im Frühjahr an einem sonnigen Standort mit guter Erde ausgesät werden. Die frischen jungen Blätter sowie die reifen, hellbraunen Samen kann man in Salaten verwenden. Wenn Sie die Wurzeln ausgegraben und getrocknet haben, sollten Sie sie acht Stunden in Wasser einweichen oder kochen, damit der Schleimstoff freigesetzt wird. Er ist angeblich gut gegen trockene Haut und sprödes Haar. Feng Shui hält diesen winterharten Eibisch für Rabatten gut geeignet; er verströmt einen leichten, angenehmen Duft, der bei warmen Temperaturen in die Luft abgegeben wird.

Poleiminze (Lintsas) *Mentha pulegium*
Element: *Yang*
Symbolik: *innige Gefühle*
Poleiminze spielt in der chinesischen Gesellschaft seit vielen hundert Jahren eine zweifache Rolle: als Arznei und als Zeichen der Gastfreundschaft gegenüber Verwandten und Freunden, die zu Besuch kommen. *M. pulegium*, eine

der vielen Minze-Arten, die heute im Westen angebaut werden, stammt angeblich von einer ursprünglich in Nordchina wachsenden Art ab. Feng Shui bevorzugt diese Art, weil sie dicht am Boden entlangwächst und den ungehinderten *Chi*-Fluß fördert. Die leuchtendgrünen Blätter mit ihrem unverwechselbaren Pfefferminzgeruch wachsen an kriechenden Trieben, die sich überall da, wo sie Kontakt mit dem Erdboden bekommen, rasch bewurzeln. Die Poleiminze gedeiht in praller Sonne oder im Halbschatten und liebt reichhaltige, gut drainierte Böden. Sie läßt sich aus Wurzel- oder Triebablegern im Frühjahr ziehen. Ihre Blätter sollten kurz vor der Blüte gepflückt werden. Dieses aromatische, gesellige Gartenkraut läßt sich vielfältig verwenden – als erfrischender Tee, gegen Ameisen und Flöhe in Schränken und als Öl (das bei den Chinesen *Po Ho* heißt), das, in die Haut einmassiert, Rheuma- und Muskelschmerzen lindert. Für viele Feng-Shui-Gärtner wäre ein Beet ohne die Poleiminze nicht vollständig.

Gartensalbei (Jer) *Salvia officinalis*
Element: *Yang*
Symbolik: *Wertschätzung/Langlebigkeit*
Auch der Salbei ist ein wichtiges Gewürzkraut in China, wo ein vielzitiertes Sprichwort lautet: »Wie kann ein Mensch altern, in dessen Garten Salbei steht?« Die Pflanze, so heißt es, besitzt die Kraft, das Leben zu verlängern. Sie ist ein wunderbarer Heiler und in der Küche vielfach einsetzbar. Feng Shui geht sogar noch weiter und sagt, ihre Form sei dem *Chi* dienlich, ihr Aroma fördere die Harmonie, und zudem paßt sie als blühende Gartenpflanze zu vielen anderen Blüten. Der Salbei, in China manchmal als *Tan-shan* bezeichnet, ist seit Jahrhunderten eine beliebte Pflanze für Steingärten, weil er auch bei großer Hitze und Trockenheit noch gedeiht. Er entwickelt sich prächtig in leichtem, trockenem Boden und praller Sonne. *S. officinalis* läßt sich aus Ablegern ziehen und bildet im Sommer innerhalb eines Monats Wurzeln. Er kann sich jedoch ausbreiten und verholzen und muß zurückgeschnitten werden, damit er seine Form bewahrt und im Garten nicht überhand nimmt. Pflücken Sie die graugrünen, flaumigen Blätter, bevor sich die mauve-blauen Blüten mit dem tiefen Schlund öffnen, und trocknen Sie sie gründlich, damit sie ihr besonders aromatisches, intensives Aroma entfalten können. Salbei läßt sich natürlich unterschiedlich verwenden: er eignet sich als Mischung für Duftkissen und vertreibt lästige Küchen- und Tiergerüche; er hilft bei der

142

Gesichts- und Zahnreinigung, besitzt antiseptische Eigenschaften und wirkt verdauungsfördernd. Feng Shui rät, den Salbei am besten in ein Kräuterbeet oder eine Gartenrabatte zu pflanzen.

Eisenkraut (Lurngyar) *Verbena officinalis*
Element: *Yang*
Symbolik: *Zauber*
Das Eisenkraut nimmt im Feng Shui eine Sonderstellung ein, weil man es mit dem Drachen in Verbindung bringt – vielen Chinesen ist es auch als »Drachenzahngras« bekannt, eine Anspielung darauf, daß diese Pflanze, richtig eingesetzt, verborgene Kräfte hat. Das stimmt tatsächlich, denn ihre gefurchten, dunkelgrünen Triebe, die blaßlila Blüten und unverwechselbaren Blätter (sie sehen wie in die Länge gezogene Eichenblätter aus) sind allesamt hervorragende *Chi*-Leiter. Die Pflanze hat sich auch einen Ruf als Aphrodisiakum erworben, und es besteht kein Zweifel, daß sie viele Jahre lang unter chinesische Liebestränke gemischt und exotischen Gerichten und alkoholischen Getränken beigegeben wurde. Eisenkraut ist eine winterharte krautige Mehrjährige, die bis zu einem Meter hoch wird und im Frühjahr in ein fruchtbares, gut drainiertes, sonniges Fleckchen Erde im Garten gesetzt werden sollte. Die Blätter können Sie je nach Bedarf ernten, ja Sie können die ganze Pflanze konservieren und daraus eine Tinktur zur Behandlung von Prellungen oder einen beruhigenden Nachttrunk herstellen. Eisenkraut verleiht dem *Chi*-Fluß mit seinem Duft eine weitere magische Dimension.

10. Harmonische Gartengestaltung – gestern, heute, morgen

Es heißt, der Kaiser Huang Ti habe zu den ersten Begründern der Landwirtschaft und medizinischen Botanik in China gehört. Angeblich hat er den Pflug erfunden, verschiedene Bodenarten geprüft, um herauszufinden, welche Ernte wo am besten wuchs, und Zeremonien eingeführt, wie man die unterschiedlichsten Samen, Pflanzen und Blumen zum jeweils günstigsten Zeitpunkt des Jahres säte. Wie in Kapitel 9 beschrieben, soll er auch ein pharmazeutisches Werk verfaßt haben, die spätere Grundlage für das großartige Buch über Kräutermedizin, das *Ben-T'sao*, dessen Zusammenstellung Li Shizhen zwischen 1560 und 1590 besorgte.

Zwar sieht es ganz so aus, als habe Huang Ti eine Reihe von Feng-Shui-Prinzipien bei seiner Gartenbaukunst angewendet, doch erst während der Regierungszeit des Han-Kaisers Wu-ti (140–86 v. Chr.) finden wir den schriftlichen Beweis dafür, daß diese alte Kunst auf seinen Ländereien angewandt wurde, um das Pflanzenwachstum zu erleichtern. Anscheinend war Wu-ti so versessen aufs Gärtnern, daß er eine kleine Schar Diener entsandte, die überall in China krautige Pflanzen, Teepflanzen und Blumen für seine Sammlung pflücken sollten. Einer seiner Gärten, zu dem ein eigener Sommerpalast, mehrere Pavillons und unzählige Flächen mit Blumen, Seen und Steingärten gehörten, hatte, wie man sagt, eine Ausdehnung von mehr als 50 Quadratkilometern. Die Nachwelt hält diesen Kaiser aufgrund seiner gärtnerischen Leistungen heute ganz besonders hoch in Ehren. Auf ihn geht das System zur Definition der verschiedenen Blumenvarietäten zurück, und er führte den Anbau von Pflanzen wie Bohnen, Koriander und sogar Weinreben ein. Seinem Beispiel folgten zahlreiche wohlhabende Männer, die begannen, ihre Anwesen landschaftlich zu gestalten, und in späterer Zeit steuerten Dichter, Maler und Gelehrte jeweils ihren eigenen Beitrag zur Theorie und Praxis der Gartengestaltung bei. Seine Blütezeit in der Gartengestaltung erlebte Feng Shui in China allerdings während der T'ang-Dynastie. Damals begann der Adel seine Gärten zu erweitern, indem er das Land der Bauern beschlagnahmte. Das ging so weit, daß nur ein Bauernaufstand die schlimmsten Ausschreitungen verhinderte. Doch nichts konnte den unaufhaltsamen Aufstieg der chinesischen Gartenkunst aufhalten, und so entfaltete sie sich während der T'ang-Dynastie (618–906 n. Chr.) und den darauf folgenden Dynastien – Sung, Yuan, Ming – zu höchster Blüte. Den Chinesen wurde nämlich allmählich klar, daß ihr Wohl und Wehe unmittelbar von der Umgebung, in der sie lebten, beeinflußt wurde.

Über den T'ang-Kaiser Hui-tsung erzählt man sich folgende berühmte Geschichte: Obwohl er erst 26 Jahre alt war, beunruhigte ihn zutiefst, daß er keine Söhne hatte, und so beauftragte er eine Gruppe von Feng-Shui-*Xiansheng*, die kaiserliche Stadt zu untersuchen. Diese beratschlagten und teilten ihm dann ihre Ergebnisse mit: das Land ringsum sei zu flach; der Kaiser könne so lange keine männlichen Erben bekommen, wie das Land, besonders nordöstlich der Hauptstadt, so tief liege. Sofort ließ der Kaiser einen Berg aufschütten, der, wie man ihm sagte, die bösen Kräfte bannen, das gute *Chi* bündeln und ihn in die Lage versetzen werde, Söhne zu zeugen. Zwar zeugte Hui-tsung tatsächlich den gewünschten Erben, doch die gewaltigen Kosten für die Aufschüttung des Berges, den man Ken-yu nannte, brachte die Dynastie an den Rand des finanziellen Ruins.

Durch die Besuche von Missionaren und unerschrockenen Reisenden drangen die Geschichten von diesen Traditionen allmählich in die westliche Welt vor, wo sie nicht nur die englische Landschaftsgestaltung und die chinesisch-englischen Gärten, sondern letztendlich auch die heutigen Gärten Nordeuropas und Amerikas beeinflußten. Zusammen mit anderen Elementen der chinesischen Kultur war auch der Garten im achten Jahrhundert in Japan eingeführt worden. Die für ihn typische Verehrung der Naturmystik erhielt einen Aufschwung durch den Zen-Buddhismus, der seinerseits den Kult der Miniaturbergformationen und Lotusteiche pflegte.

Die Denkweise, die sich hinter all dieser Natur-Mystik verbarg, hatte ein chinesischer Schriftsteller namens Lien-Tschen schon viel früher folgendermaßen in Worte gefaßt:

»Die Kunst der Gartenanlage ist das Bestreben, einen aufheiternden Anblick, üppiges Wachstum, Schatten, Einsamkeit und Ruhe so miteinander zu verbinden, daß die Sinne durch eine Nachahmung ländlicher Natur getäuscht werden. Abwechslungsreichtum, den größten Vorteil einer natürlichen Landschaft, erreicht man deshalb durch überlegte Bodenwahl und ein Wechselspiel von Hügelketten und Tälern sowie Bächen und Seen, die mit Wasserpflanzen bedeckt sind. Symmetrie ist ermüdend, und in einem Garten, in dem das Zwanghafte und Künstliche überall ins Auge fällt, wird man schon bald Langeweile und Verdruß empfinden.«

Die Chinesen waren fest davon überzeugt, daß Gärten im wesentlichen Orte waren, an denen man nachdenken und sich den Ansprüchen und Anforderungen der Welt entziehen konnte. Sie durften nichts enthalten, was zu Eile verleitete oder Streß förderte. Wege waren nicht dazu da, eine Verbindung von einem Punkt zu einem anderen zu schaffen, sondern sollten den Menschen vielmehr Gelegenheit dazu bieten, jede Aussicht und jede Stimmung nach Belieben zu genießen. Deshalb waren sie alle absichtlich gewunden angelegt. Die natürlichen Landschaftselemente, die die Chinesen am meisten bewunderten, waren, wie wir wissen, Berge und Hügel, fließende Gewässer und Wasserteiche. Und da ihre Gärten für sie Geschöpfe des Verstandes waren, imitierten sie die Natur in jedem Maßstab, der ihnen für ihre Bedürfnisse geeignet schien, durch die Verwendung einiger weniger, gut positionierter Steine, einen Wasserteich und die umsichtige Pflege der unterschiedlichsten Pflanzen.

Diese »Landschafts-Verkleinerung« – die der Besitzer oft auf einem Stück Land vornahm, das er liebte – führte unter anderem dazu, daß man jedem Element eine Bedeutung und eine ihm eigene Symbolik zuschrieb. »Kräuter und Bäume, Steine und Felsen werden alle in den Himmel eingehen«, heißt ein altes chinesisches Sprichwort, das verständlich macht, weshalb man *jedem* Element in einem Feng-Shui-Garten eine eigene lebendige Persönlichkeit zuschrieb. Letztendlich wollte man mit dieser hingebungsvollen Landbebauung eine Harmonie zwischen Mensch und Natur erreichen – einen Zustand, in dem er vor allem Bösen und Unglück gefeit sein sollte.

Viele hundert Jahre lang waren die Gärten Chinas geheime Plätze, von denen »Barbaren und fremde Teufel ausgeschlossen waren«. Daher gibt es aus der Zeit von vor zweihundert Jahren nur wenige Berichte, und diese wenigen sind sehr lückenhaft. Wir wissen allerdings, daß es viele historische Gärten in diesem Land gab: ein berühmtes Beispiel aus der Zeit kurz vor Christi Geburt war der weitläufige Vergnügungsgarten des Han-Kaisers Wu-ti, auch *Shang Lin* oder Königspark genannt. Mehrere Städte im Innern Chinas waren ebenfalls wegen

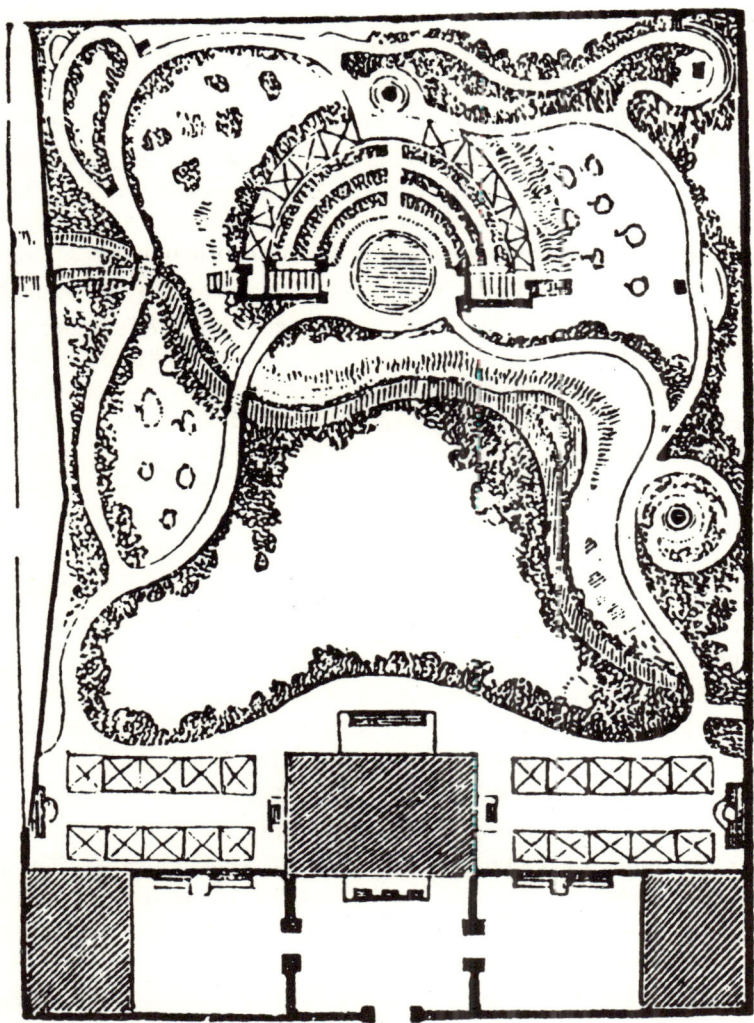

Plan eines nach Feng-Shui-Prinzipien angelegten Gartens im (damals deutschen) Elsaß mit gewundenen Pfaden, halbkreisförmigen Staudenreihen und runden Blumenbeeten. (Ende neunzehntes Jahrhundert).

ihrer Gärten berühmt, darunter Nanjing, Suzhou und Hangzhou. Shanghai prahlte mit dem *Yu Yuan*, dem Garten des Behagens, über den ein zeitgenössischer Bericht so lautet: »Drinnen gibt es Terrassen, Teiche, Steine, Blumen und Bambus; er ist sehr schön, und kein anderer Garten im Distrikt kann sich mit ihm messen.« In demselben Bericht steht noch, daß die fünf erwähnten Bestandteile als »Pfeiler eines Gartens« gelten, auf denen alle anderen Elemente ruhen, wobei dem letzten die größte Bedeutung zukommt. »Falls es dort keinen Bambus gibt, dann sind die Leute ungebildet«, erklärt er unmißverständlich.

Später verkündete der Kaiser Ch'ien-lung immer wieder, alle Bäume und Blumen seien nicht nur ein Abbild der menschlichen Gefühle, sondern in gewisser Hinsicht deren Ursprung. Er schrieb: »Wenn ich Gefallen an Orchideen finde, liebe ich Aufrichtigkeit; wenn ich Kiefern und Bambus sehe, denke ich an Tugend; wenn ich an einem Bach stehe, schätze ich Ehrlichkeit; wenn ich Unkraut sehe, verachte ich Unehrlichkeit. Das ist die eigentliche Bedeutung des Sprichworts: ›Den Menschen des Altertums werden ihre Ideen von Gegenständen eingegeben.‹«

Die erste vollständige Beschreibung eines chinesischen Gartens, die in die westliche Welt gelangte, stammt von einem französischen Jesuiten, Père Attivet, dem man im Jahr 1749 Zutritt zu den Gärten des Kaisers Ch'ien-lung in Peking gewährte. Bekannt als *Yuan Ming Yuan* oder »Garten der vollkommenen Helligkeit«, wirkte er auf Besucher wie einer der phantastischsten Gärten, die es jemals gegeben hatte. In einem Brief, der nach Paris zurückgeschickt und dort veröffentlicht wurde, beschrieb der Pater ihn als Ort, in dem der Kaiser und seine Höflinge sich entspannen konnten, einen Ort, der allem Anschein nach planlos mit Blumen in geschwungenen Beeten, merkwürdig geformten Bäumen und eigenartig geformten Felsen angelegt war. Der ganze Garten war von einer hohen Mauer umgeben, die mit kleinen Bildern dekoriert war. Bei diesen handelte es sich, wie Père Attivet erst später erfahren sollte, um Feng-Shui-Symbole.

Als die Zeit gekommen war, löste der Brief des Jesuitenpaters und andere, die folgten, in bezug auf die Gartengestaltung in der westlichen Welt eine Revolution aus, bei der man von den traditionellen geraden Linien und den rechteckigen Winkeln völlig abkam. Zahlreiche wohlhabende europäische Landbesitzer unternahmen den Versuch, ihre Gärten nach chinesischem Vorbild umzugestalten. Obwohl sie nur wenig oder gar nichts über Feng Shui wußten, haben einige von ihnen anscheinend unbewußt seine Philosophie voll

Der Garten eines wohlhabenden Feng-Shui-Anhängers in Kanton. Chinesischer Holz-schnitt aus dem Jahr 1860. Beachten Sie die Verwendung von Gitterwerk und Garten-mauern und die Kübelpflanzen, die zwischen den Bäumen stehen.

erfaßt, wie man auf der Abbildung S. 147 sieht, die einen sorgfältig angelegten Garten im Elsaß vom Ende des neunzehnten Jahrhunderts zeigt. Vom Haus des Postmeisters von Altkirch sah man über einen Teich auf einen Steingarten mit Pflanzen und Sträuchern, zwischen denen hier und da schattige Wege ver-liefen. Jenseits davon boten sich »ein paar großartige Aussichten auf den Rhein und die Alpen«, wie es in einem zeitgenössischen Bericht heißt. Das ist perfektes Feng Shui!

Als mit der Zeit immer mehr Besuchern aus dem Westen der Zugang nach China gewährt wurde – besonders während der viktorianischen Epoche –, waren einige zutiefst von den Gärten, die sie sahen, beeindruckt. Allerdings entging ihnen in den meisten Fällen, welche Prinzipien den Entwurf mit-bestimmt hatten. Sir William Chambers, ein Landvermesser, der mehrere

Jahre in China zubrachte, schrieb in seinem Werk *Dissertation on Oriental Gardening* (1850):

»Natur ist das Vorbild der Chinesen, aber ihr Ziel scheint zu sein, nur deren Unregelmäßigkeiten nachzuahmen. Da die Chinesen nicht gern zu Fuß gehen, finden wir selten Avenuen oder breite Kieswege in ihren Gärten. Ihre Grundstücke sind, unabhängig von ihrer Größe, in mehrere kleine Bereiche unterteilt, von denen jeder für sich genommen perfekt und doch so völlig isoliert ist von allem, was ihn umgibt. Wenn sie der Ansicht sind, diese unregelmäßige Schönheit sei nun vollendet, so daß sie ins Auge springt, nennen sie es *shanawagdi* – ein Ausdruck, der ›herrlich‹ oder ›bewundernswert‹ bedeutet.«

Vermutlich war es Sir William nicht aufgefallen, daß er den Ausdruck eigentlich falsch verstanden hatte: was für ihn wie *shanawagdi* klang, hieß in Wirklichkeit *Feng Shui*.

Ein anderer englischer Schriftsteller jener Zeit, J.C. Loudon, stellte *The Encyclopaedia of Gardening* zusammen (1860), eine unglaublich detaillierte Studie über Gartenbau und Landschaftsgärtnerei auf der ganzen Welt, »mit Vorschlägen für ihre weitere Verbreitung auf den Britischen Inseln«, so der Untertitel. Darin beschrieb er eine Vorstadtvilla »im chinesischen Stil«, die einem wohlhabenden Kaufmann aus Kanton gehörte:

»Wir stellen die Villa nicht vor, damit sie jemand nachbaut; aber ein Gärtner könnte hier, wenn er sich die Verteilung der Steine, Pflanzengefäße und Bäume genau betrachtet, viele nützliche Tips für Gartenanlagen im chinesischen Stil oder für die optimale Nutzung kleiner Fleckchen in der Stadt bekommen. Die Pflanzgefäße im Garten wurden immer wieder ausgetauscht, so daß er sich trotz seiner Lage in der Stadtmitte die Frische einer ländlichen Gegend bewahrte.«

Der Franzose Olivier de Serres beschrieb vermutlich als erster westlicher Schriftsteller die Feng-Shui-Gartenpraxis im Detail. So heißt es in der Zeitschrift *Gardener's Magazine* vom Juni 1890 über einen Garten, den er kurz zuvor in Peking besucht hatte:

»Dieser Garten, der einen allgemeinen Eindruck vom Stil des chinesischen Gartenbaus als einer ästhetischen Kunst vermittelt, umfaßte nur zwanzig

Morgen Land. Am oberen Ende seiner nützlichen Schönheiten lag ein Wohnhaus. Im Süden sah man kleine Wasserfälle, Rosenhecken und Granatapfelbäume; im Westen einen einzeln stehenden Portikus, immergrüne Bäume, eine Wiese, von Gras umgebene Wasserflächen und ein Steinlabyrinth; im Norden ein paar scheinbar zufällig hingestellte Gebäude auf kleinen Hügeln und Bambushaine mit Kieswegen; im Osten ein kleines Stück Land mit wohlriechenden Pflanzen, Heilkräutern, Sträuchern, Zitronen- und Orangenbäumen, eine Weidenallee, Holz- und Steinbrücken, einen Teich, ein paar alte Tannen, und man konnte bis weit in die ländliche Umgebung blicken. Die Anlage dieser Gärten, so erfuhr ich, sei die Umsetzung der Gesetze des Feng Shui, die die Chinesen seit Menschengedenken befolgen und in die sie großes Vertrauen setzen.«

Im zwanzigsten Jahrhundert nahm im Westen das Interesse an chinesischen Gärten zu, wie es maßgebliche, bahnbrechende Artikel wie Florence Ayscoughs »The Chinese Idea of a Garden«, veröffentlicht in *The China Journal of Sciences*, Juni 1923, und Grace M. Boyntons »Notes on the Origins of Chinese Gardens« im *The China Journal* (Juli 1935) beweisen. Ihnen folgten zahlreiche Bücher, darunter Dorothy Grahams »Chineses Gardens« (1938), »Chinese Houses and Gardens« von Henry Inn und S.C. Lu (1940), »Gardens of China« von Osvald Siren (1949), Ernest H. Wilsons »Blütenland China – Botanische Berichte und Bilder« (1971) und »The Gardens of China: Art, Architecture and Meanings« von Edwin T. Morris (1984). Sie alle haben mir bei meinen Nachforschungen sehr geholfen und erwähnen den Einfluß des Feng Shui auf Chinas Gartengestaltung, ohne jedoch so ins Detail zu gehen, wie ich es in diesem Buch versucht habe. Aber diese Bücher und Artikel sowie die vielfältigsten persönlichen Kontakte haben mir gezeigt, daß Feng-Shui-Gärten tatsächlich kosmische Diagramme sind, die eine uralte und sehr tiefe Sicht der Welt und des Platzes offenbaren, den wir darin einnehmen. All ihre Elemente sollen mit den weichen Biegungen der Natur fließen und Ruhepole innerer Stärke für Männer und Frauen schaffen, damit sie sich dem Jahreszeitenverlauf harmonisch anpassen können. Doch trotz aller zur Verfügung stehenden Hilfen und Anleitungen ist klar, daß es bei der Planung eines solchen Gartens eigentlich keine starren, festgelegten Regeln gibt – wichtiger ist es, sich auf seine Umgebung, seine Gefühle und die *Anregungen* des Feng Shui zu verlassen.

Zweifellos handelt es sich auch um eine Tradition mit Zukunft. Die Gartengestaltung nach Feng Shui hat uns Menschen in dieser modernen, technologisierten und immer hektischer werdenden Welt eine Menge zu bieten. Der Garten war für den Menschen schon immer ein Quell des Trostes, und mit Hilfe dieser altehrwürdigen Philosophie kann er uns zu noch größerer Harmonie und mehr Wohlbefinden verhelfen. Auch sollte man die Ausblicke, die Klänge und Düfte nicht unterschätzen, die ein bißchen vom Mysterium und dem Zauber des Orients in jedes Heim auf dem Land, in einer Vorstadt oder in ein winziges Appartement in der Stadt bringen. Ich hoffe, daß meine Leser mit dem Rüstzeug, das ich ihnen in diesem Buch mitgegeben habe, für einen Versuch gewappnet sind. Viel Glück bei der Gartengestaltung – und besonders gutes Feng Shui!

Literatur

Beales, Peter: *Classic Roses*, London 1997
Beckett, Kenneth, Carr, David, Stevens, David: *The Contained Garden*, London 1982
Chi Ch'eng: *Yuan Yeh*, Peking 1933
Cox, E.H.M.: *Plant Hunting in China*, London 1945
Danby, Hope: *The Garden of Perfect Brightness*, London 1950
DUMONTS *Große Pflanzenenzyklopädie von A–Z*, Köln 1998
Dyer, Thiselton: *The Folklore of Plants*, New York 1889
Fisher, Sue: *The Complete Book of Water Gardens*, London 1994
Fisk, Jim: *Clematis: The Queen of Climbers*, London 1989
Fu Weikang: *Traditional Chinese Medicine*, Bejing 1985
Garland, Sarah: *The Herb Garden*, London 1984
Goldsmith, H.T., Bachhurst, A.E.: *Market Gardening in China*, London 1986
Howard, Edwin: *Chinese Garden Architecture*, New York 1931
Kelly, John: *Planning and Planting Rock Gardens*, Newton Abbott 1994
Kerby, Kate: *An Old Chinese Garden*, Shanghai 1922
Keys, John: *Chinese Herbs*, Los Angeles 1976
King, F.H.: *400 Jahre Landbau*, o.J.
Li, H.I.: *The Garden Flowers of China*, New York 1959
McHoy, Peter: *Containers and Baskets for All Year Round*, London 1993
Murck, Alfeda, Wen Feng: *A Chinese Garden Court*, New York 1970
Page, Martin: *The Gardener's Guide to Growing Peonies*, Newton Abbott 1997
Phantasievoll bepflanzte Töpfe, Kübel, Tröge, Blumenkästen, Köln 1994
Quin Yun: *Classical Chinese Gardens*, Hongkong 1977
Swindells, Philipp: *Garden Pools, Waterfalls and Fountains*, London 1995
Thomas, Graham: *Climbing Roses Old and New*, London 1983
Toogood, Alan: *Garden Trees Handbook*, London 1990
T'ung Chu-in: *Chinese Gardens*, Hongkong 1936
Wenig Wan-go: *Gardens in Chinese Art*, New York 1968
Wilson, Andrew: *The Creative Water Garden*, London 1995

Register

Philippa Waring

Vom richtigen Wohnen

In Harmonie leben mit Feng Shui

144 Seiten, Festeinband
ISBN 3-88034-830-8

Die uralte chinesische Kunst der richtigen Platzierung und Konstruktion
von Häusern, Wohnungen, Arbeitsplätzen und Gärten fördert
Wohlbefinden und Harmonie beim Wohnen und Arbeiten.
Die einzelnen Kapitel des Buchs erklären

- welche Prinzipien auf der Suche nach einer neuen Wohnstätte
  beachtet werden sollen,
- wie man gute Einflüsse anziehen und sich vor negativen schützen kann,
- wie den Räumen die jeweilige Funktion zugewiesen wird,
- welche Farbgebung und welche Möbel das Wohlbefinden und Glück
  steigern können,
- wie man in der Wohnung optimal Pflanzen integriert.

IRISIANA